ECONOMÍA Y DERECHO

DICCIONARIO

ESPAÑOL - PORTUGUÉS

Esteban Bastida Sánchez

About this book

First published 2015
© Esteban Bastida Sánchez
ISBN-13: 978-1512295429
ISBN-10:1512295426

Derechos exclusivos de edición
reservados para todo el mundo

ESPAÑOL - PORTUGUÉS

Prefacio

Este dicionário foi produzido para encher a necessidade que existe no campo de negocios, bancário e do mercado de ações e do mundo do direito em geral, e que surgiu como resultado do desenvolvimento da economia mundial e do aumento do contato com mercados internacionais..

Da mesma forma, a situação européia e mundial está forçando nossos empresários a procurar e desenvolver mercados novos.

Além disso, a expansão de nossa economia atual e os padrões de vida mais elevados alcançados significa que os nossos empresários e investidores devem fazer um esforço maior para manter-se com a terminologia habitual utilizada nos países membros da Comunidade Européia e ter disponível, e em um único volume, os termos mais comuns usados em direito, economia, serviços bancários e no mercado de valores nos idiomas espanhol e português, amplamente utilizado no mundo dos negócios.

Prólogo

Este diccionario nace de la necesidad que existe en el campo de la empresa, la banca y la bolsa y al mundo de la abogacía en general, debido al proceso de desarrollo vivido por la economía mundial, que nos ha llevado a estar cada día más conectados con los mercados internacionales.

Igualmente la coyuntura europea y mundial está exigiendo a nuestros empresarios la búsqueda de nuevos mercados y la potenciación de los mismos.

Por otra parte, la expansión de nuestra economía y el actual nivel de vida alcanzado obligan a nuestros empresarios e inversores a un mayor esfuerzo para estar al día en la terminología usual en los países miembros de la Comunidad Europea y poder tener a mano y en un solo volumen los términos más usuales del derecho, la economía, la banca, y la bolsa, en portugués y español, que son lenguas muy utilizadas en el mundo empresarial.

Hemos puesto a disposición del traductor y de los juristas y empleados de la Banca y de la Bolsa un diccionario con más de 12.000 términos y locuciones.

La rápida evolución y el progreso de las técnicas comerciales son la base de la economía que hace necesario una obra de consulta que facilite rápidamente las palabras y términos utilizados en los tres idiomas.

Por lo tanto esta obra quiere ser un elemento para la aclaración conceptual y de gran precisión de la amplia y cada día más numerosa terminología utilizada en la práctica diaria.

DIREITO & ECONOMIA
DICIONÁRIO

ESPANHOL - PORTUGUÊS

Contenido

About this book 3

Prefacio 7

Prólogo 9

abajo firmante 15

bajista 51

caballero 57

chantaje 103

daño 104

eclesiástico 132

fabrica 155

gama 167

habeas corpus 172

idea 177

jefe 202

know-how 206

laboriosamente 207

llamada 215

macroeconómica 216

nacer 230

obedecer 235

paciencia 243

quebrado 276

racial 277

saber 297

tácito 313

ubicación 323

vacaciones 326

yerno 334

zona 335

abajo firmante

Español	Portugués
abajo firmante	**abaixo-assinado**
abandonado	**abandonado**
abandonar	**abandonar**
abandonar una acción	*abandonar uma ação*
abandonar una apelación	*abandonar uma apelação*
abandono	**abandono**
abandono de acción	*abandono de ação*
abandono de apelación	*abandono de apelação*
abandono de bienes	*abandono de bens*
abandono de carga	*abandono de carga*
abandono de cónyuge	*abandono de cônjuge*
abandono de familia	*abandono da família*
abandono de la empresa	*abandono da companhia*
abandono de niños	*abandono de crianças*
abandono de un derecho	*abandono de um direito*
abandono del barco	*abandono do barco*
abandono del deber	*abandono do dever*
abandono del trabajo	*abandono do trabalho*
abandono expreso	*abandono expresso*
abarrotar el mercado	**saturar o mercado**
abastecer un mercado	**abastecer um mercado**
abastecimiento	**abastecimento**
abdicación	**abdicação**
aberración	**aberração**
abiertamente	**publicamente**
abierto	**aberto**

abintestate	abintestate
abjuración	abjuração
abjurar	abjurar
abogacía	advocacia
abogado	advogado
	procurador
abogado acusador	*advogado acusador*
abogado de oficio	*advogado de guarda*
abogado defensor	*advogado de defesa*
abogado del caso	*advogado do caso*
abogado del diablo	*advogado do diabo*
abogado externo	*advogado externo*
abolición	abolição
abolir	abolir
abonar	creditar
abonar en cuenta	*creditar uma conta*
abono	abono
abortar	abortar
abortista	aborcionista
abortivo	abortivo
aborto	aborto
aborto criminal	*aborto criminal*
aborto legal	*aborto legal*
aborto terapéutico	*aborto terapêutico*
abreviar	abreviar
abreviatura	abreviação
	abreviatura
abrir	abrir
abrir la sesión	*abrir a sessão*
abrir los libros contables	*~ os livros de contabilidade*
abrir los tribunales	*abrir os tribunais*

abrir un crédito	*abrir um crédito*
abrir un mercado	*abrir um mercado*
abrir un testamento cerrado	*abrir um testamento fechado*
abrir una cuenta	*abrir uma conta*
abrir una investigación	*abrir uma investigação*
absentismo	**absentismo**
absolución	**absolvição**
absolución de hecho	*absolvição de fato*
absolución general	*absolvição geral*
absoluto	**absoluto**
absolver	**absolver**
absolver a un acusado	*absolver um réu*
absorber	**absorver**
absorber los costos	*absorver os custos*
absorber pérdidas	*absorver perdas*
absorción	**absorção**
absorción de costes	*custeio de absorção*
abstención	**abstenção**
abstención política	*abstencionismo político*
abstenciones	**abstenções**
abstenerse	**abster-se**
abstracto	**abstrato**
absuelto	**absolvido**
absurdo	**absurdo**
abuela	**avó**
abuelo materno	**avô materno**
abuelo paterno	*avô paterno*
abuelos maternos	*avós maternos*
abusar	**abusar**
abusar de sus poderes	*abusar de seus poderes*
abusar de una mujer	*abusar de uma mulher*

abusivo	**abusivo**
abuso	**abuso**
abuso de autoridad	*abuso de autoridade*
abuso de confianza	*abuso de confiança*
abuso de derecho	*abuso de direito*
abuso de jurisdicción	*abuso de jurisdição*
abuso de la patria potestad	*abuso dos direitos dos pais*
abuso de poder	*abuso de poder*
abuso de posición dominante	*abuso de posição dominante*
abuso inveterado	*abuso inveterado*
abuso sexual	*abuso sexual*
acantonamiento	**acantonamento**
acaparamiento	**entesouramento**
accesible	**acessível**
	acessão
acceso	**acesso**
acceso a la propiedad	*acessão a propriedade*
acceso libre	*acesso gratuito*
accesorio	**acessório**
accesorios	**utensílios**
accidental	**acidental**
accidente	**acidente**
accidente de tráfico	*acidente de tráfico*
accidente del trabajo	*acidente em trabalho*
accidente in itinere	*acidente durante a viagem*
acción	**ação**
acción a la par	*ação ao par*
acción accesoria	*ação acessória*
acción administrativa	*ação administrativa*
acción al portador	*ação ao portador*
acción civil	*ação civil*

acción civil pública	ação civil pública
acción colectiva	ação coletiva
acción comercial	ação comercial
acción con derecho a voto	ação com direito a voto
acción conjunta	ação em comum
acción constitutiva	ação constitutiva
acción contractual	ação contratual
acción de anulación	ação anulatória
acción de cancelación	ação de cancelamento
acción de cobro	ação de cobrança
acción de desalojo	ação de evicção
acción de expropiación	ação de desapropriação
acción de fundador	ação de fundador
acción de gracias	ação de graças
acción de guerra	ato de guerra
acción de prescripción	ação de prescrição
acción de reivindicación	ação de reivindicação
acción de responsabilidad	ação de responsabilidade
acción de responsabilidad civil	ação de responsabilidade civil
acción de restitución	ação de restituição
acción de revocación	ação de revocação
acción de transgresión	ação de transgressão
acción de un mediador	ação de um mediador
acción de ventas	ação de vendas
acción declarativa	ação declaratória
acción declinatoria	ação declinatória
acción directa	ação direta
acción disciplinaria	ação disciplinar
acción ejecutiva	ação executiva processo de execução
acción endosable	ação endossável

acción falsa	*ação falsa*
acción fraudulenta	*ação fraudulenta*
acción fungible	*ação fungível*
acción indirecta	*ação indireta*
acción judicial	*ação judicial*
acción legal	*ação legal*
acción libre	*ação livre*
acción maliciosa	*ação maliciosa*
acción monitoria	*ação monitória*
acción negatoria	*ação negatória*
acción nominativa	*ação nominativa*
acción ordinaria	*ação ordinária*
acción ordinaria nominativa	*ação ordinária nominativa*
acción para daños	*ação de danos*
acción personal	*ação pessoal*
acción policial	*ação policial*
acción popular	*ação popular*
acción posesoria	*ação possessória*
acción privada	*ação privada*
acción privilegiada	*ação privilegiada*
acción procesal	*ação processual*
acción prohibitiva	*ação proibitiva*
acción reconvencional	*ação reconvencional*
acción redhibitoria	*ação redibitória*
acción reivindicatoria	*ação de reivindicação*
acción rescisoria	*ação rescisória*
acción resolutoria	*ação resolutiva*
acción revocatoria	*ação revocatória*
acción sindical	*ação sindical*
acción social	*ação social*
acción sumarísima	*procedimento sumário*

acción u omisión	*comissão ou omissão*
acciones	**ações**
acciones a la baja	*ações em declínio*
acciones de bancos	*ações de bancos*
acciones de electricidad	*ações de eletricidade*
acciones emitidas	*ações emitidas*
acciones en circulación	*ações em circulação*
acciones gratis	*ações bonificadas*
acciones no emitidas	*capital não emitido*
accionista	**acionista**
accionista corporativo	*acionista corporativo*
accionista individual	*acionista individual*
accionista mayoritario	*sócio majoritário*
accionista minoritario	*acionista minoritário*
aceleración	**aceleração**
acelerado	**acelerado**
aceptabilidad	**aceitabilidade**
aceptable	**aceitável**
	aceitação
aceptación	
	aceite
aceptación bancaria	*aceitação do banco*
aceptación comercial	*aceitação comercial*
aceptación condicional	*aceitação qualificada*
aceptación de depósitos	*aceitação de depósitos*
aceptación de donación	*aceitação de doação*
aceptación de herencia	*aceitação da herança*
aceptación de mercaderías	*aceitação de mercadorias*
aceptación de poder	*aceitação do poder*
aceptación de un legado	*aceitação do legado*
aceptación de una herencia	*aceitação de uma sucessão*
aceptación en blanco	*aceitação em branco*

aceptación general	*aceitação geral*
aceptación incondicional	*aceitação incondicional*
aceptación judicial	*aceitação judicial*
aceptación parcial	*aceitação parcial*
aceptación por menor cantidad	*aceitação de menos montante*
aceptación posterior	*aceitação posterior*
aceptado	**aceitado**
aceptante	**aceitante**
aceptar	**aceitar**
aceptar la renuncia	*aceitar a resignação*
aceptar sobornos	*aceitar subornos*
aceptar un poder	*aceitar um poder*
aceptar una herencia	*aceitar uma herança*
aceptar una oferta	*aceitar uma oferta*
aceptar una orden	*aceitar uma ordem*
aclamación	**aclamação**
aclaración	**explicativo**
aclarar	**esclarecer**
acomodar	**acomodar**
acompañar	**acompanhar**
acondicionamiento	**condicionamento**
aconsejar	**aconselhar**
acontecer	**acontecer**
acontecimiento	**acontecimento**
acoso	**molestamento**
acostumbrado	**acostumado**
acreditación	**acreditação**
acreditación diplomática	*acreditação diplomática*
acreditado	**creditada**
acreditar	**acreditar**
	credenciar

acreedor

acreedor común

acreedor de la quiebra

acreedor garantizado

acreedor judicial

acreedor preferente

acreedor prendario

acreedor privado

acreedor solidario

acreedor verbal

acta de complacencia

acta de donación

acta de fundación

acta del congreso

acta literal

acta notarial

action in rem

actitud

actividad

actividad comercial

actividad criminal

actividad de la empresa

actividad económica

actividad económica total

actividad financiera

actividad normal

actividad presupuestada

actividad profesional

actividades de explotación

actividades normales

activista

credor

credor ordinário

credor de bancarrota

credor garantido

credor judicial

credor privilegiado

credor pignoratício

credor pessoal

credor solidário

credor verbal

ata da complacência

escritura de doação

escritura de fundação

ato do congresso

relato integral

ato notarial

ação em rem

atitude

atividade

atividade comercial

atividade criminosa

atividade da empresa

atividade econômica

atividade econômica total

atividade financeira

atividade normal

atividade orçamentada

atividade profissional

atividades operacionais

atividades normais

ativista

activo	ativo
activo a corto plazo	ativo a curto prazo
activo admisible	ativo aceitável
activo circulante	ativo circulante
activo diferido	ativo diferido
activo fijo	ativo fixo
	ativo permanente
activo financiero	ativo financeiro
activo inmovilizado	ativo imobilizado
activo neto	ativo líquido
activo permanente	ativo imobilizado
activo real	ativo real
activo realizable	ativo realizável
activo tangible	ativo tangível
activo y pasivo	ativo e passivo
activos a corto plazo	ativo realizável a curto prazo
activos afectos	afeto de ativos
activos brutos	ativos brutos
activos congelados	ativos congelados
activos de capital	ativos de capital
activos de explotación	ativos operacionais
activos de la empresa	ativos de sociedade
activos disponibles	ativos disponíveis
activos en efectivo	ativos de caixa
activos ficticios	ativos fictícios
activos hipotecados	ativos hipotecados
activos incorpóreos	ativos incorpóreos
activos intangibles	ativos intangíveis
activos muertos	ativos mortos
activos netos	ativos líquidos
activos no admisibles	ativos inadmissíveis

activos ocultos	ativos ocultos
activos productivos	ativos produtivos
activos totales	ativos totais
acto	**ato**
acto abstracto	ato abstrato
acto accesorio	ato acessório
acto anulable	ato anulável
acto atributivo	ato atributivo
acto carnal	ato carnal
acto civil	ato civil
acto condicional	ato condicional
acto continuo	ato contínuo
acto criminal	ação criminal
	ato criminoso
acto de asistencia	ato de assistência
acto de compra	ato aquisitivo
acto de conciliación	ato de conciliação
acto de disposición	ato de disposição
acto de extinción	ato extintivo
acto de hostilidad	ato de hostilidade
acto de insolvencia	ato de insolvência
acto de negligencia	ato negligente
acto de omisión	ato de omissão
acto de rebelión	ato de rebelião
acto de referencia	ato de referência
acto de transgresión	ato de transgressão
acto de última voluntad	ato de última vontade
acto discrecional	ato discricionário
acto electoral	ato eleitoral
acto esencial	ato essencial
acto extrajudicial	ato extrajudicial

acto ilícito	*ato ilícito*
acto jurídico	*acto jurídico*
	fato jurídico
acto malicioso	*ato doloso*
acto ministerial	*ato ministerial*
acto político	*ato político*
acto preparatorio	*ato preparatório*
acto principal	*ato principal*
acto público	*ato público*
acto registrable	*ato registrável*
acto solemne	*ato solene*
acto unilateral	*ato unilateral*
acto voluntario	*ato voluntário*
actual	**atual**
actualización	**atualização**
actualizado	**atualizado**
actualizar	**atualizar**
actuar	**agir**
actuar de acuerdo con la ley	*agir de acordo com a lei*
actuar de buena fe	*agir de boa fé*
actuario	**atuário**
acuerdo	**acordo**
acuerdo colectivo	*acordo coletivo*
acuerdo comercial	*acordo comercial*
acuerdo de acreedores	*acordo de credores*
acuerdo de arbitraje	*acordo de arbitragem*
acuerdo de caballeros	*acordo de cavalheiros*
acuerdo de cártel	*acordo de cartel*
acuerdo de compensación	*contrato de compensação*
acuerdo de confidencialidad	*acordo de confidencialidade*
acuerdo de contrato	*acordo de contrato*

acuerdo de cooperación	*acordo de cooperação*
acuerdo de joint venture	*acordo de associação*
acuerdo de mayoría	*acordo de maioria*
acuerdo de pago	*acordo de pagamento*
acuerdo de participación	*acordo de participação*
acuerdo de pesca	*acordo de pesca*
acuerdo de préstamo	*contrato de empréstimo*
acuerdo de voluntades	*acordo de vontades*
acuerdo de votación	*acordo de voto*
acuerdo económico	*arranjo econômico*
acuerdo extrajudicial	*acordo extrajudicial*
acuerdo financiero	*acordo financeiro*
acuerdo internacional	*acordo internacional*
acuerdo judicial	*acordo judicial*
acuerdo marco	*acordo-quadro*
acuerdo monetario	*acordo monetário*
acuerdo mutuo	*acordo amigável*
acuerdo por aclamación	*acordo por aclamação*
acuerdo por escrito	*acordo escrito*
acuerdo preferencial	*acordo preferencial*
acuerdo prematrimonial	*acordo pré-nupcial*
acuerdo previo	*aceitação preliminar*
acuerdo profesional	*acordo profissional*
acuerdo salarial	*acordo salarial*
acuerdo secreto	*acordo secreto*
acuerdo sindical	*acordo sindical*
acuerdo unánime	*acordo unânime*
acuerdo vinculante	*acordo vinculativo*

acumulación

acumulação

união

acumulación de costes   *acumulação de custos*

acumulación de intereses	*acumulação de interesses*
acumulado	**acumulado**
acumulado en fin del año	*lucro do exercício*
acumular	**acumular**
acumulativo	**cumulativo**
acuñación	**cunhagem**
	hortelã
acuñar moneda	**cunhar moeda corrente**
acusación	**acusação**
acusación difamatoria	*acusação difamatória*
acusación fiscal	*acusação fiscal*
acusación fundada	*acusação fundada*
acusación implícita	*acusação implícita*
acusación particular	*acusador particular*
acusación pública	*ministério público*
acusado	**acusado**
	demandado
acusador	**acusador**
acusador público	*acusador público*
acusatorio	**acusatório**
acuse de recibo	**aviso de recepção**
ad absurdum	**ad absurdum**
ad cautelam	**ad cautelam**
ad hoc	**ad hoc**
ad libitum	**ad libitum**
ad perpetuam	**ad perpetuam**
ad valorem	**ad valorem**
adaptación	**adaptação**
adecuada	**adequada**
adecuadamente	**adequadamente**
adecuado	**adequado**

adelanto	**avanço**
adelanto en efectivo	*adiantamento em dinheiro*
adelantos	**adiantamentos**
adenda	**adenda**
adherido	**aderido**
adherir	**aderir**
adhesión	**aderência**
	adesão
adición	**adição**
	adjunção
adicional	**adicional**
adjudicación	**adjudicação**
adjudicación de propiedad	*adjudicação de propriedade*
adjudicación del contrato	*ato de adjudicação*
adjuntar	**anexar**
adjunto	**anexado**
administración	**administração**
administración central	*administração central*
administración civil	*administração civil*
administración de la herencia	*administração da herança*
administración de la tutela	*administração da tutela*
administración de personal	*administração de pessoal*
administración financiera	*administração financeira*
administración fiscal	*administração fiscal*
administración legal	*administração legal*
administración militar	*administração militar*
administración municipal	*administração municipal*
administración por objetivos	*administração por objetivos*
administración pública	*administração pública*
administración salarial	*administração salarial*
administración tributaria	*fisco*

administrado	**administrado**
administrador	**administrador**
administrador de cartera	*administrador de carteira*
administrador de empresa	*administrador de empresas*
administrador de propiedades	*administrador de bens*
administrador de un patrimonio	*~ de um patrimônio*
administrador de una sociedad	*~ de uma sociedade*
administrador legal	*administrador legal*
administrar	**administrar**
administrar justicia	*administrar a justiça*
administrar un negocio	*dirigir um negócio*
administrativo	**administrativo**
admisibilidad	**admissibilidade**
admisible	**admissível**
	admissão
admisión	
	ingresso
admisión a cotización oficial	*admissão à cotação oficial*
admisión de pruebas	*admissão de evidência*
admisión gratuita	*entrada livre*
admitido	**admitido**
admitir	**admitir**
admitir como prueba	*admitir como evidência*
admitir de nuevo	*admitir de novo*
admitir un hecho	*admitir um fato*
admitir una deuda	*admitir uma dívida*
admitir una firma	*admitir uma assinatura*
adolescencia	**adolescência**
adopción	**adoção**
adopción simple	*adoção ordinária*
adoptado	**adotado**
adoptado por aclamación	*aprovado por aclamação*

adoptante	adotante
adoptar	adotar
adoptivo	adotivo
adquirido	adquirido
adquirir	adquirir
adquirir derechos	*adquirir direitos*
adquisición	aquisição
adquisición de control acciones	*~ do controle acionário*
adquisición de la herencia	*aquisição da herança*
adquisición de la propiedad	*aquisição da posse*
adquisición de mala fe	*aquisição de mala fide*
adquisición derivativa	*aquisição derivada*
adquisiciones de activos	*aquisições do imobilizado*
adquisitivo	aquisitivo
aducir	aduzir
adulteración	adulteração
adulteración de alimentos	*adulteração de alimentos*
adulterado	impuro
adulterar	adulterar
adulterio	adultério
adúltero	adúltero
adulto	adulto
adventicio	adventício
adversario	adversário
adverso	adverso
	admoestação
advertencia	advertência
advertencia formal	*advertência formal*
advertencia verbal	*advertência verbal*
advertencias legales	*advertências legais*
advertencias notariales	*advertências notariais*

advertir	**advertir**
adyacente	**adjacente**
aéreo	**aéreo**
aeropuerto	**aeroporto**
afectado	**afetado**
afectar	**afetar**
afectar a las cuentas	*afetar as contas*
afecto	**afeto**
afiliación	**afiliação**
afiliar	**afiliar**
afinidad	**afinidade**
afirmación	**afirmação**
afirmación falsa	*afirmação falsa*
afirmar	**afirmar**
afligir	**afligir**
afluencia	**afluência**
	influxo
afluencia de capitales	*afluxo de capital*
afrenta	**afronta**
agencia	**agência**
agencia de cobros	*agência de cobrança*
agencia de colocación	*agência de empregos*
agencia de marketing	*agência de marketing*
agencia de noticias	*agência de notícias*
agencia de publicidad	*agência de publicidade*
agencia de transportes	*agência de transportes*
agenda	**agenda**
agente	**agente**
	agente de câmbio
agente de cambio	*agente de conversão*
	corretor de câmbio

agente de carga	*agente expedidor*
agente de compras	*agente de compras*
agente de la propiedad industrial	*agente da propriedade industrial*
agente de seguros	*agente de seguro*
agente de ventas	*agente de vendas*
agente fiduciario	*agente fiduciário*
agente policial	*agente policial*
agente provocador	*agente provocante*
agilizar la votación	**agilizar a votação**
agitador	**agitador**
aglomeración	**aglomeração**
agradecer un favor	**reconhecer um favor**
agrario	**agrário**
agravación	**agravação**
agravante	**agravante**
agregado	**adido**
agregado comercial	*adido comercial*
agregado diplomático	*agregado diplomático*
agresión	**agressão**
agresión armada	*agressão armada*
agresión sexual	*agressão sexual*
agresivo	**agressivo**
agresor	**agressor**
agrícola	**agrícola**
agricultor	**agricultor**
agricultura	**agricultura**
agroindustria	**agroindústria**
agronomía	**agronomia**
agrónomo	**agrônomo**
agrupación de acciones	**grupamento de ações**
agrupación política	**agrupamento político**

agua	**água**
agua potable	*água potável*
aguas continentales	*águas continentais*
aguas jurisdiccionales	*águas jurisdicionais*
ahijado	**afilhado**
ahorrador	**poupador**
ahorro bruto	**economias brutas**
ahorros	**poupanças**
aislacionista	**isolacionista**
aislamiento	**isolamento**
aislar	**isolar**
ajustado	**ajustado**
ajustar	**ajustar**
ajustar los precios	*ajustar os preços*
ajuste	**ajuste**
ajuste cambiario	*ajuste de câmbio*
ajuste de auditoría	*ajuste de auditoria*
ajuste de cuentas	*liquidação de contas*
ajuste de inventario	*ajuste de inventário*
ajuste de los salarios	*ajustamento dos salários*
ajuste monetario	*correção monetária*
ajuste salarial	*reajuste salarial*
al por mayor	**grossista**
alarma	**alarme**
alborotador	**perturbador**
alcahuetería	**proxenetismo**
alcalde	**prefeito**
alcance	**alcance**
alcanzable	**alcançável**
alcista	**altista**
alcohólico	**alcoólico**

aleatorio	aleatório
alegación	alegação
	argumento
alegaciones	alegações
alegaciones en defensa	*alegações em defesa*
alegar	alegar
alegar ignorancia	*alegar ignorância*
alegatos finales	alegações finais
algodón	algodão
algol	algol
algoritmo	algoritmo
alguacil	oficial de justiça
alguien	alguém
aliado	aliado
alianza	aliança
alícuota	alíquota
alienable	alienável
alienación	alienação
alienante	alienante
alimentar	alimentar
alimento	alimento
alinear	alinhar
alistamiento	alistamento
alistarse	alistar
aliviar	aliviar
alivio	alívio
almacén	armazém
almacén general	*armazém geral*
almacenamiento	armazenamento
alquilar un apartamento	alugar um apartamento
alquiler	alugar

alquiler anual	*aluguel anual*
alquiler atrasado	*aluguel atrasado*
alta	**alta**
alta autoridad	*alta autoridade*
alta dirección	*alta direção*
alta tecnología	*alta tecnologia*
alta traición	*alta traição*
altas finanzas	*altas finanças*
alterar	**alterar**
altercado	**altercação**
alternativa	**alternativa**
allanamiento de morada	**invasão de domicílio**
allanar el camino	**abrir caminho**
ama de casa	**dona de casa**
amable	**amável**
amalgama	**amálgama**
amante	**amante**
amante del riesgo	*amante do risco*
ambigüedad	**ambiguidade**
ambiguo	**ambíguo**
ambulante	**ambulante**
ambulatorio	**ambulatório**
amenaza	**ameaça**
amenazado	**ameaçado**
amenazar	**ameaçar**
amenazas de muerte	**ameaças de morte**
amistoso	**amigável**
amnistía	**anistia**
amnistía fiscal	*anistia fiscal*
amonestación	**admoestação**
amonestar	**admoestar**

amortización	**amortização**
amortización de la deuda	*amortização da dívida*
amortización de préstamo	*redenção de empréstimo*
amortización financiera	*amortização financeira*
amortización indirecta	*amortização indireta*
amortizar	**amortizar**
amortizar un préstamo	*amortizar um empréstimo*
amotinado	**amotinado**
amparado	**amparado**
ampliación	**alargamento**
ampliación de capital	*aumento de capital*
ampliación del plazo	*prolongamento do tempo*
	alargar
ampliar	**alongar**
	ampliar
amplitud	**extensão**
amputación	**amputação**
anacronismo	**anacronismo**
análisis	**análise**
análisis coste-beneficio	*análise custo-benefício*
análisis de costos	*análise de custo*
análisis de cuentas	*análise de contas*
análisis de especificación	*análise de especificação*
análisis de inventario	*análise de inventário*
análisis de la cartera	*análise da carteira*
análisis de la competencia	*análise da concorrência*
análisis de marketing	*análise de marketing*
análisis de regresión	*análise de regressão*
análisis de rendimiento	*análise de desempenho*
análisis de trabajo	*análise de trabalho*
análisis de valor	*análise de valor*

análisis de varianza	*análise de variância*
análisis de ventas	*análise de vendas*
análisis del equilibrio	*análise do balanço*
análisis del punto de equilibrio	*análise de ponto de equilíbrio*
análisis del volumen de ventas	*análise do volume de vendas*
análisis documental	*análise documental*
análisis económico	*análise econômica*
análisis estratégico	*análise estratégico*
análisis factorial	*análise fatorial*
análisis fiscal	*análise fiscal*
análisis funcional	*análise funcional*
análisis marginal	*análise marginal*
análisis numérico	*análise numérica*
analista	**analista**
analizar	**analisar**
analogía	**analogia**
analógico	**analógico**
análogo	**análogo**
	cognato
anarquía	**anarquia**
anarquismo	**anarquismo**
anatema	**anátema**
ancestral	**ancestral**
ancla	**âncora**
ancho	**amplo**
anchura	**amplitude**
anexión	**anexação**
anexo	**anexo**
angustia	**aflição**
animación	**animação**
animado	**animado**

anonimato	anonimato
anónimo	anônimo
anormal	anormal
anotación	anotação
anotación escrita	*anotação escrita*
anotar	anotar
antagónico	adversário
antecedente	antecedente
antecedentes penales	*antecedentes criminais*
antedatar	antedatar
antepasado	antepassado
anterior	anterior
anti inflacionista	anti-inflacionário
anticipación	antecipação
	pré-pagamento
anticipado	antecipado
anticipar	antecipar
anticlerical	anticlerical
anticresis	antichresis
antidumping	antidumping
antieconómico	antieconômico
antigüedad	antiguidade
antiguo	antigo
antijurídico	antijurídico
antimilitarista	antimilitarista
antinomia	antinomia
antisocial	anti-social
antítesis	antítese
anual	anual
anualidad	anuidade
anualidad de amortización	*anuidade de amortização*

anualidad inmediata	*anuidade imediata*
anuario comercial	**anuário comercial**
anuente	**anuente**
anulabilidad	**anulabilidade**
anulable	**anulável**
anulación	**anulação**
anulación de un matrimonio	*cancelamento de um matrimônio*
anunciante	**anunciante**
anuncio	**anúncio**
añadido	**adicionado**
añadir	**adicionar**
año	**ano**
año a año	*ano a ano*
año base	*ano base*
año civil	*ano civil*
año de referencia	*ano de referência*
año financiero	*exercício financeiro*
año fiscal	*ano fiscal*
	exercício fiscal
año judicial	*ano judicial*
apaciguamiento	**apaziguamento**
aparente	**aparente**
apelable	**apelável**
apelación	**apelação**
	apelo
apelación incidental	*recurso incidental*
apelación voluntaria	*recurso voluntário*
apelado	**apelado**
apéndice	**apêndice**
apertura	**abertura**
apertura de carta de crédito	*abertura de carta de crédito*

apertura de crédito	*abertura de crédito*
apiñamiento	**apinha mento**
aplacar	**apaziguar**
aplazamiento	**adiamento**
aplazamiento de entrega	*adiamento de entrega*
aplazamiento de pago	*adiamento de pagamento*
aplazamiento de una sesión	*adiamento de uma sessão*
aplazar	**diferir**
aplazar el pago	*adiar o pagamento*
aplicable	**aplicável**
aplicación de beneficios	**aplicação dos lucros**
aplicación de fondos	*aplicação dos recursos*
aplicación de las penas	*aplicação das penas*
apócrifo	**apócrifo**
apógrafo	**apógrafo**
aportación de activos	*contribuição de ativos*
aportación de bienes	*contribuição de bens*
aportar las pruebas	*apresentar provas*
aporte capital	**aporte de capital**
apostilla	**apostila**
apoyar	**apoiar**
apoyar el mercado	*apoiar o mercado*
apoyar el precio	*apoiar o preço*
apoyar una moneda	*apoiar uma moeda*
apoyo	**apoio**
apreciable	**apreciável**
apreciar	**apreciar**
aprendiz	**aprendiz**
aprendizaje	**aprendizagem**
apretado	**apertado**
aprobación	**aprovação**

aprobación de los contratos	*aprovação de contratos*
aprobación de una ley	*aprovação de uma lei*
aprobado	**aprovado**
aprobar	**aprovar**
apropiación	**apropriação**
apropiado	**apropriado**
aproximación	**aproximação**
aproximadamente	**aproximadamente**
aproximado	**aproximado**
aptitud	**aptidão**
aquiescencia	**aquiescência**
arancel de exportación	**tarifa de exportação**
aranceles preferenciales	*tarifa preferencial*
arbitraje	**arbitragem**
	juízo arbitral
arbitraje de divisas	*arbitragem de divisas*
arbitraje de valores	*arbitragem de valores*
arbitral	**arbitral**
arbitrar	**arbitrar**
arbitraria	**arbitrária**
arbitrariedad	**arbitrariedade**
árbitro	**árbitro**
árbol de decisión	**árvore de decisão**
archivista	**arquivista**
archivos	**arquivos**
archivos generales	*arquivos gerais*
área	**área**
área de administración	*área de administração*
área de autoridad	*área de autoridade*
área de mercado	*área de mercado*
área dólar	*área dólar*

área total	*área total*
argumentación	**argumentação**
argumentado	**argumentado**
argumentar	**argumentar**
argumento	**argumento**
argumento concluyente	*argumento conclusivo*
argumento incontestable	*argumento incontestável*
argumentos orales	*alegações*
arma	**arma**
arma de fuego	*arma de fogo*
arma peligrosa	*arma perigosa*
armado	**armado**
armador	**armador**
armamento	**armamento**
armas blancas	**armas brancas**
armisticio	**armistício**
armonización	**harmonização**
arras	**arras**
arrebatar	**arrebatar**
arreglo	**acerto**
arrendado	**arrendado**
arrendador	**arrendador**
arrendamiento	**arrendamento**
arrendar	**arrendar**
arrendatario	**arrendatário**
arrepentimiento	**arrependimento**
arrestar	**prender**
arresto domiciliario	**detenção domiciliar**
arriesgada	**arriscada**
arriesgar	**arriscar**
arrogancia	**arrogância**

artesano	**artesão**
artículo	**artigo**
artículo de lujo	*artigo de luxo*
artículo de marca	*artigo de marca*
artículo de serie	*artigo em série*
artículos de moda	*artigos de moda*
artificial	**artificial**
artificio	**artifício**
artístico	**artístico**
asalariado	**assalariado**
asaltar	**assaltar**
asalto	**assalto**
asamblea	**assembleia**
asamblea anual	*assembleia geral ordinária*
asamblea constituyente	*assembleia constituinte*
asamblea extraordinaria	*assembleia extraordinária*
asamblea general	*assembleia geral*
asamblea legislativa	*assembleia legislativa*
asamblea ordinaria	*assembleia ordinária*
ascendencia	**antepassados**
ascender	**ascender**
ascendiente	**ascendente**
asegurado	**assegurado**
	garantido
asegurador	**segurador**
asegurar	**assegurar**
asegurar contra incendios	*assegurar contra fogos*
asegurar contra robo	*assegurar contra roubos*
asegurar contra todo riesgo	*assegurar contra todo o risco*
asentimiento	**assentimento**
asentir	**assentir**

asesinar	**assassinar**
asesinato	**assassinato**
asesinato en primer grado	*assassinato em primeiro grau*
asesinato premeditado	*assassinato premeditado*
asesino	**assassino**
asesor	**assessor**
asesor de inversiones	*consultor de investimentos*
asesor financiero	*assessor financeiro*
asesor legal	*conselho geral*
asesor personal	*consultor de pessoal*
asesoramiento	**aconselhamento** **conselho**
asesoría jurídica	**assessoria jurídica**
asfixia	**asfixia**
asfixiante	**asfixiante**
asiduidad	**assiduidade**
asiento incorrecto	**entrada errada**
asignable	**assinável**
asignación	**alocação** **atribuição**
asignación de acciones	*atribuição de ações*
asignación de beneficios	*distribuição de lucros*
asignación de costes	*atribuição de custos*
asignación de costos	*afectação de custos* *alocação de custos*
asignar	**atribuir**
asilo	**asilo**
asilo político	*asilo político*
asimetría	**assimetria**
asimilación	**assimilação**
asistencia	**assistência**

	comparecimento
asistencia legal	assistência jurídica
asistencia médica	assistência médica
asistencia técnica	assistência técnica
asistente	**assistente**
asistir	**assistir**
asociación	**associação**
asociación de comercio	associação comercial
asociación de consumidores	associação de consumidores
asociación profesional	associação profissional
asociación temporal	associação temporária
	afiliado
asociado	**associado**
asociar	**associar**
áspero	**áspero**
astronómico	**astronômico**
astucia	**astúcia**
astuto	**astuto**
asumido	**assumido**
asumir	**assumir**
asumir la responsabilidad	assumir a responsabilidade
asunción	**assunção**
asunción de la deuda	assunção de dívida
asunto	**assunto**
asunto confidencial	questão confidencial
asuntos económicos	assuntos econômicos
atado	**amarrado**
ataque	**ataque**
atavismo	**atavismo**
atenuación	**atenuação**
atenuado	**atenuado**

atenuante	atenuante
atenuar	amortecer
atestación	atestação
átono	átono
atraer	atrair
atraer clientes	*atrair clientes*
atrasos	**contas atrasadas**
atreverse	atrevem
atrevido	ousado
atribución	adscrição
atribuible	atribuível
atribuido	atribuído
atributo	atributo
atrocidad	atrocidade
audición	conhecimento
audiencia	audiência
audiencia a puerta cerrada	*audiência reservada*
audiencia de conciliación	*audiência de conciliação*
audiencia inicial	*audiência inicial*
audiencia pública	*audiência pública*
auditor	**auditor**
auditor independiente	*auditor independente*
auditor público	*auditor público*
auditoría	**auditoria**
auditoría de cuentas	*auditoria de contas*
auditoría provisional	*auditoria preliminar*
auditorías de gestión	*auditorias de gestão*
auge	*expansão de economia*
auge de la construcción	*boom de construção*
auge de la demanda	*boom na demanda*
auge de las ventas	*aumento das vendas*

aumentar	**aumentar**
aumentar el interés	*aumentar o tipo de interesse*
aumentar el precio	*aumentar o preço*
aumentar el rendimiento	*aumentar o rendimento*
aumentar la productividad	*aumentar a produtividade*
aumentar los impuestos	*aumentar os impostos*
aumentar los impuestos	*elevar os impostos*
	acresção
aumento	**aumento**
aumento de la demanda	*aumento da demanda*
aumento de la herencia	*aumento da herança*
aumento de las ventas	*aumento de vendas*
	aumento de preço
aumento de precio	*elevação do preço*
aumento de salarios	*aumento dos salários*
ausencia	**ausência**
ausencia por enfermedad	*ausência por doença*
ausente	**ausente**
auspicio	**auspício**
austeridad	**austeridade**
autenticación	**autenticação**
autenticado	**autenticado**
autenticar	**autenticar**
autenticidad	**autenticidade**
auténtico	**autêntico**
auto aplicación	**auto-aplicação**
auto control	**auto controlo**
auto de infracción tributaria	**auto de infração fiscal**
autodefensa	**autodefesa**
autodeterminación	**autodeterminação**
autoestima	**autoestima**

autoevaluación	auto-avaliação
autofinanciación	autofinanciamento
automático	automático
autonomía	autonomia
autónomo	autônomo
	trabalhador independente
autopsia	autopsia
autor	autor
autor de un delito	*autor de um crime*
autor físico	*autor físico*
autor material	*autor material*
autor moral	*autor moral*
	autarquia
autoridad	autoridade
autoridad (ad hoc)	*autoridade (ad hoc)*
autoridad competente	*autoridade competente*
autoridad militar	*autoridade militar*
autoridad portuaria	*capitania dos portos*
autoridad pública	*autoridade pública*
autoridades civiles	*autoridades civis*
autoridades de vigilancia	*autoridades de vigilância*
autoridades financieras	*autoridades financeiras*
autoridades monetarias	*autoridades monetárias*
autoritario	autoritário
autorización	autorização
autorización judicial	*autorização judicial*
autorización paterna	*autorização paterna*
autorización previa	*autorização preliminar*
autorizado	autorizado
	autorizar
autorizar	conceder poder

autorregresión	autoregression
autorregresivo	autoregressive
autosuficiencia	autossuficiência
autosuficiente	autossuficiente
auxiliar de contabilidad	assistente de contabilidade
aval	aval
avalista	avalista
avance	avance
avance de las exportaciones	*avanço em exportações*
avería	avaria
aversión	aversão
aversión al riesgo	*avesso ao risco*
avión	avião
avión de carga	*avião de carga*
aviso	aviso
	comunicação
aviso de llegada	*aviso de Chegada*
aviso de protesto	*notificação de protesto*
aviso en el tribunal	*notificação em sala de tribunal*
aviso previo	*aviso prévio*
avulsión	avulsão
ayuda	ajuda
ayuda económica	*apoio financeiro*
ayudar	ajudar
Ayuntamiento	Prefeitura
ayuntamiento de la ciudad	*conselho da cidade*

bajista

Español   *Portugués*

bajista   **em baixa**
bajo precio   **baixo preço**
bala   **bala**
balance   **balanço**
balance de comprobación   *balancete*
balance falso   *balanço falsificou*
balance general   *balanço geral*
balance patrimonial   *balanço patrimonial*
balanza   **balança**
balanza comercial   *balança comercial*
balanza de pagos   *balança de pagamentos*
banco   **banco**
banco central   *banco central*
banco comercial   *banco comercial*
banco de comercio   *banco de comércio*
banco de crédito   *banco de crédito*
banco del gobierno   *banco do governo*
banco emisor   *banco emissor*
banco extranjero   *banco estrangeiro*
banco industrial   *banco industrial*
banco mundial   *banco mundial*
banco nacional   *banco estatal*
banco oficial   *banco oficial*
banco participante   *banco participante*
banco privado   *banco privado*
banda de delincuentes   **gangue de bandidos**
banda de ladrones   *gangue de ladrões*

bandidaje	banditismo
bandido	bandit
banquero	banqueiro
barato	barato
barco	barco
	navio
barco de carga	*cargueiro*
barrera	barreira
barricada	barricada
base	base
base de efectivo	*regime de caixa*
base de la aplicación de costos	*base de aplicação de custos*
base de una colaboración	*regime de parceria*
base imponible	*base tributária*
base jurídica	*fundamento jurídico*
base para la apelación	*base para apelação*
básico	básico
bastardo	bastardo
batería	bateria
bazar	bazar
beca	beca
	bolsa de estudos
bedel	bedel
beligerancia	beligerância
beligerante	beligerante
beneficiar	beneficiar
beneficiario	beneficiário
beneficiario de un cheque	*beneficiário de um cheque*
beneficio	benefício
beneficio a corto plazo	*benefício a curto prazo*
beneficio bruto	*lucro bruto*

beneficio de explotación	*lucro operacional*
beneficio de inventario	*benefício de inventário*
beneficio de la duda	*benefício da dúvida*
beneficio de la empresa	*resultados operacionais*
beneficio fictício	*benefício fictício*
beneficio fiscal	*benefício fiscal*
beneficio ilícito	*benefício ilícito*
beneficio indirecto	*benefício indireto*
beneficio neto	*lucro líquido*
beneficio neto marginal	*proveito líquido marginal*
beneficio previsto	*lucro antecipado*
beneficio teórico	*lucro nocional*
beneficios complementarios	*benefícios extras*
beneficios económicos	*benefícios econômicos*
beneficios penitenciarios	*benefícios penitenciários*
beneficios sociales	*benefícios sociais*
benéfico	**benéfico**
benevolencia	**benevolência**
benévolo	**benévolo**
bestialidad	**bestialidade**
bienes	**bens**
bienes de condominio	*bens de condomínio*
bienes de consumo	*bens de consumo*
bienes de equipo	*bens de capital*
bienes de exportación	*mercadorias de exportação*
bienes de la quiebra	*propriedade do falido*
bienes de lujo	*produtos de luxo*
bienes de producción	*bens de produção*
bienes de una bancarrota	*ativos de um falido*
bienes defectuosos	*bens defeituosos*
bienes económicos	*mercadorias econômicas*

bienes fungibles	*bens fungíveis*
bienes hipotecables	*bens hipotecáveis*
bienes independientes	*bens independentes*
bienes industriales	*bens industriais*
bienes inmuebles	*bens de raiz*
	bens imóveis
bienes numerarios	*bens numerários*
bienes patrimoniales	*bens patrimoniais*
bienes sociales	*bens sociais*
bienes y derechos	*bens e direitos*
bienestar	**bem-estar**
bifurcación	**bifurcação**
bigamia	**bigamia**
bígamo	**bígamo**
bilateral	**bilateral**
bilateralismo	**bilateralismo**
billete	**bilhete**
billete de banco nacional	*nota de banco nacional*
billete falso	*nota de banco falso*
binario	**binário**
blanco	**branco**
blasfemia	**blasfêmia**
bloque	**bloco**
bloquear	**bloquear**
bloqueo	**bloqueio**
blue chips	**ações de primeira linha**
bodas de oro	**bodas de ouro**
boicot	**boicote**
boicotear	**boicotar**
boletín de suscripción	**boletim de subscrição**
bolsa	**bolsa**

bolsa de valores	bolsa de valores
	mercado de ações
bolsista	**bolsista**
bonificar	**bonificar**
bono	**bond**
bono al portador	bônus ao portador
bono en efectivo	bônus em dinheiro
bonos	**obrigações**
bonos a corto plazo	obrigações a curto prazo
bonos a la par	bônus ao par
bonos convertibles	obrigações convertíveis
bonos oro	títulos de ouro
bonos del gobierno	títulos do governo
	bônus do tesouro
bonos del Tesoro	obrigações do tesouro
	títulos do Tesouro
bonos extranjeros	obrigações estrangeiras
bonos hipotecarios	obrigação hipotecária
boom	**boom**
borracho	**bêbado**
botín	**pilhagem**
bruto	**brute**
buen comportamiento	**bom comportamento**
buen nombre	bom nome
buena	**boa**
buena calidad	boa qualidade
buena conducta moral	boa conduta moral
buena consideración	boa consideração
buena declaración	boa declaração
buena fe	boa fé
bufete de abogado	escritório de advogado

buque frigorífico	*navio frigorífico*
burdel	bordel
burguesía	burguesia
burocracia	burocracia
búsqueda	pesquisa

caballero

Español	*Portugués*
caballero	**cavalheiro**
cabeza de familia	**chefe de família**
cabotaje	**cabotagem**
cacique	**cacique**
cadáver	**cadáver**
cadena	**cadeia**
cadena de suministro	*cadeia de fornecimento*
cadena perpetua	*prisão perpétua*
caducado	**confiscado**
caducidad	**caducidade**
	expiração
caducidad de una patente	*expiração de uma patente*
caída de la libra	**colapso da libra**
caída de la moneda	*colapso da moeda*
caída de precios	*redução de preço*
caja	**caixa**
caja de ahorros	*caixa de poupanças*
caja de seguridad	*cofre de segurança*
caja fuerte de banco	*cofre de banco*
cajero	**caixeiro**
cajero de banco	*caixeiro de banco*
calabozo	**calabouço**
calamidad	**calamidade**
calculadora	**calculadora**
calcular	**calcular**
cálculo	**cálculo**
cálculo de impuestos	*cálculo de imposto*

cálculo de precios	*cálculo de preços*
cálculo de probabilidades	*cálculo de probabilidade*
cálculo de tiempo	*cálculo de tempo*
cálculo diferencial	*cálculo diferencial*
calendario	**calendário**
calendario judicial	*calendário judicial*
calibre	**calibre**
calidad	**qualidade**
calidad del producto	*qualidade de um produto*
calidad media	*qualidade média*
calificable	**qualificável**
calificación	**qualificação**
calificación crediticia	*classificação de crédito*
calificado	**qualificado**
calificar	**qualificar**
caligrafía	**caligrafia**
calígrafo	**calígrafo**
calma	**calma**
calumnia	**calúnia**
calumniador	**caluniador**
calumniar	**caluniar**
calumnioso	**calunioso**
cámara	**câmara**
Cámara de Comercio	*Câmara de comércio*
cámara de compensación	*câmara de compensação*
Cámara de Diputados	*câmara de deputados*
cámara oficial de comercio	*câmara de comércio oficial*
cambiable	**permutável**
cambio	**câmbio**
	modificação
cambio de tendencia	*modificação na tendência*

cambio estatutario	*alteração estatutária*
cambios en la ley	*modificação da lei*
cambista	**cambista**
campaña	**campanha**
campaña bajista	*campanha baixista*
campaña de ventas	*campanha de vendas*
campaña electoral	*campanha eleitoral*
campaña publicitaria	*campanha publicitária*
campo	**campo**
campo de aplicación	*âmbito de aplicação*
canal	**canal**
canal comercial	*canal comercial*
canales	**canais**
canales de distribución	*canais de distribuição*
canalización	**canalização**
canalizar	**canalizar**
cancelable	**cancelável**
cancelación	**cancelamento**
cancelación de cuenta	*cancelamento de conta*
cancelación de protesto	*cancelamento de protesto*
cancelación de un contrato	*cancelamento de um contrato*
cancelación de un pedido	*cancelamento de uma ordem*
cancelación de una deuda	*cancelamento de uma dívida*
cancelado	**cancelado**
cancelar	**cancelar**
cancelar un contrato	*cancelar um contrato*
cancelar un crédito	*cancelar um crédito*
cancelar un pedido	*cancelar uma encomenda*
canciller	**chanceler**
cancillería	**chancelaria**
candidato	**candidato**

candidatura	**candidatura**
canon	**canon**
canónico	**canônico**
cantidad	**quantidade**
cantidad aproximada	*quantidade aproximado*
cantidad estimada	*montante estimado*
cantidad fija	*quantidade fixa*
cantidad media	*quantidade média*
cantidad mínima	*quantidade mínima*
cantidad mínimo	*valor mínimo*
cantidad neta	*quantidade líquida*
cantidad residual	*quantidade residual*
cantidad restante	*montante remanescente*
cantidad total	*montante total*
cantonal	**cantonal**
capacidad	**capacidade**
capacidad de actuar	*capacidade de atuação*
capacidad de crédito	*capacidade de crédito*
capacidad de endeudamiento	*capacidade de endividamento*
capacidad de generar ingresos	*capacidade de ganho*
capacidad de pago	*capacidade de pagamento*
capacidad económica	*capacidade econômica*
capacidad ejecutiva	*capacidade executiva*
capacidad electoral	*capacidade eleitoral*
capacidad financiera	*capacidade financeira*
capacidad fiscal	*capacidade fiscal*
capacidad jurídica	*capacidade jurídica*
capacidad legal	*capacidade legal*
capacidad no utilizada	*capacidade não utilizada*
capacidad para competir	*capacidade para competir*
capacidad para testar	*capacidade testamentária*

capacidad práctica	capacidade prática
capacidad procesal	capacidade processal
capacidad productiva	capacidade de produção
capacidad residual	capacidade remanescente
capacidad teórica	capacidade teórica
capacitación	**capacitação**
capacitación en ventas	formação de vendedores
capacitar	**capacitar**
capataz	**capataz**
capaz	**capaz**
capcioso	**capcioso**
capellanía	**capelania**
capital	**capital**
capital a corto plazo	capital a curto prazo
capital a largo plazo	capital a longo prazo
capital autorizado	capital autorizado
capital circulante líquido	capital circulante líquido
capital con derecho a voto	capital com direito a voto
capital de reserva	reserva de capital
capital de riesgo	capital de risco
capital de trabajo	capital operacional
capital declarado	capital declarado
capital disponible	capital disponível
capital emitido	capital emitido
capital en descubierto	capital a descoberto
capital estatutario	capital estatutário
capital excedente	capital excedente
capital extranjero	capital estrangeiro
capital humano	capital humano
capital improductivo	capital improdutivo
capital individual	capital individual

capital inicial	*capital inicial*
capital inmovilizado	*capital imobilizado*
capital lucrativo	*capital lucrativo*
capital neto	*capital líquido*
capital no suscrito	*capital não subscrito*
capital ocioso	*capital ocioso*
capital privado	*capital privado*
capital registrado	*capital registrado*
capital social	*capital social*
capital suscrito	*capital subscrito*
capital y reservas	*capital e reservas*
capitalismo	**capitalismo**
capitalista	**capitalista**
capitalización	**capitalização**
capitalización anual	*capitalização anuidade*
capitalización de ganancias	*capitalização de rendimentos*
capitalización de intereses	*capitalização de juros*
capitalización de la renta	*capitalização da renda*
capitalizado	**capitalizado**
capitalizar	**capitalizar**
capitalizar fondos	*capitalizar fundos*
capitán	**capitão**
capitán de barco	*capitão de navio*
capitanía	**capitania**
capitanía general	*capitania geral*
capitulación	**capitulação**
capitulaciones matrimoniales	*capitulações matrimoniais*
capítulo	**capítulo**
capítulo de una catedral	*capítulo de uma catedral*
captación	**captação**
captura	**captura**

capturar	capturar
cara	face
carácter	caráter
carácter corporativo	*caráter societário*
característica	característica
caracterización	caraterização
carburante	carburante
cárcel	prisão
carcelero	carcereiro
carga	carga
carga de trabajo	*carga de trabalho*
carga fiscal	*carga tributária*
carga mínima	*carga mínima*
cargar	cargar
cargar	carregar
cargas	cargas
cargas de capital	*cargas de capital*
cargas familiares	*cargas familiares*
cargas fijas	*cargas fixas*
cargas fiscales	*cargas fiscais*
cargo bancario	*despesa bancária*
cargo de confianza	*cargo de confiança*
cargos bancarios	*cargas de banco*
cargos en su contra	*acusações contra*
caridad	caridade
caritativo	caridoso
carnal	carnal
carnet de identidad	cartão de identidade
caro	caro
carrera	carreira
carretera	estrada

carretera rural	estrada rural
carta	**carta**
carta blanca	carta branca
carta certificada	carta registrada
carta circular	carta circular
carta comercial	carta comercial
carta credencial	carta credencial
carta de advertencia	carta monitória
carta de autorización	carta de autorização
carta de confirmación	carta de confirmação
carta de contratación	carta de contratação
carta de convocatoria	carta de convocação
carta de crédito	carta de crédito
carta de crédito documentaria	carta de crédito documentário
carta de crédito irrevocable	carta de crédito irrevogável
carta de crédito no confirmada	carta de crédito não confirmado
carta de crédito renovable	carta de crédito rotativo
carta de crédito revocable	carta de crédito revogável
carta de depósito	carta de depósito
carta de garantía	carta de garantia
carta de garantía bancaria	carta de fiança bancária
carta de intención	carta de intenção
carta de mandato	carta mandato
carta de presentación	carta de recomendação
carta de referencia	carta de referência
carta ordinaria	carta ordinária
carta rogatoria	carta rogatória
cartel	**cartel**
cartel de precios	cartel de preços
cartera	**carteira**
cartera conservadora	carteira conservadora

cartera de inversiones	carteira de investimentos
cartera de ministro	carteira ministerial
cartera de valores	carteira de valores
cartera gestionada	carteira administrada
carterista	**batedor de carteiras**
cartero	**carteiro**
casa	**casa**
casamiento	**casamento**
caso	**caso**
caso de conciencia	caso de consciência
caso de fuerza mayor	caso de força maior
caso de incumplimiento	caso de inadimplemento
caso en el tribunal	caso em tribunal
caso fortuito	caso fortuito
caso imprevisto	caso imprevisto
caso principal	caso principal
castidad	**castidade**
castigable	**castigável**
castigar	**castigar**
castigo	**castigo**
	punição
castigo arbitrario	punição arbitrária
castigo corporal	punição corporal
castigo severo	punição severa
castración	**castração**
casual	**casual**
casualidad	**caso fortuito**
casuística	**casuística**
catálogo	**catálogo**
catálogo de precios	catálogo de preços
catálogo de productos	catálogo de produtos

catálogo ilustrado	*catálogo ilustrado*
catastral	**cadastral**
catastro	**cadastro**
catástrofe	**catástrofe**
categoría	**categoria**
categoría profesional	*categoria profissional*
categoría salarial	*faixa salarial*
categórico	**categórico**
católico	**católico**
causa	**causa**
causa de divorcio	*fundamento para o divórcio*
causa eficiente	*causa eficiente*
causa indirecta	*causa remota*
causa justa	*justa causa*
causa legítima	*causa legítima*
causa probable	*causa provável*
causalidad	**casualidade**
causas atribuibles	**causas atribuíveis**
cauteloso	**cauteloso**
cautiverio	**cativeiro**
cautivo	**cativo**
caza	**caça**
caza furtiva	*caça furtiva*
caza prohibida	*caça proibida*
cazador furtivo	**caçador furtivo**
cedente	**cedente**
ceder sus derechos	**ceder seus direitos**
cédula hipotecaria	**cédula hipotecária**
celda de castigo	**cela de castigo**
celda oscura	*cela escura*
celebración del matrimonio	**celebração do matrimônio**

celebrado	**celebrado**
celebrar	**celebrar**
celebrar elecciones	*realização de eleições*
celebrar un juicio	*realizar um julgamento*
celebrar una reunión	*realizar uma sessão*
celebridad	**notável**
celestina	**alcoviteira**
celibato	**celibato**
célula	**célula**
celular	**celular**
células de fabricación	**células de produção**
cementerio	**cemitério**
censo	**recenseamento**
censo de capitales extranjeros	*censo de capital estrangeiro*
censo de población	*recenseamento da população*
censo electoral	*recenseamento eleitoral*
censor eclesiástico	**censor eclesiástico**
censura	**censura**
centinela	**sentinela**
central	**central**
centralización	**centralização**
centro	**centro**
centro comercial	*centro comercial*
centro de beneficio	*centro de lucro*
	centro de proveitos
centro de costos	*centro de custos*
centro de inversiones	*centro de investimento*
centro de responsabilidad	*centro de responsabilidade*
ceremonia	**cerimônia**
cerrado	**fechado**
cerrar	**fechar**

cerrar un negocio	*fechar um negócio*
certeza	**certeza**
certificación	**certificado**
certificado	**certificado**
certificado al portador	*certificado ao portador*
certificado consular	*certificado consular*
certificado de acciones	*certificado de ações*
certificado de análisis	*certificado de análise*
certificado de autorización	*certificado de incumbência*
certificado de bautismo	*certidão de batismo*
certificado de buena conducta	*certificado de boa conduta*
certificado de calidad	*certificado de qualidade*
certificado de daño	*certificado de dano*
certificado de defunción	*certidão de óbito*
~ de depósito de valores	*~ de depósito de ações*
certificado de envío	*certificado de expedição*
certificado de matrimonio	*certidão de casamento*
certificado de nacimiento	*certificado de nascimento*
certificado de origen	*certificado de origem*
certificado de peso	*certificado de peso*
certificado de seguro	*certificado de seguro*
certificado de venta	*certificado de venda*
certificado del arquitecto	*certificado do arquiteto*
certificado provisional	*certificado provisório*
certificar	**certificar**
cesar	**cessar**
cese	**cessação**
cese en el trabajo	*cessação em trabalho*
cesión	**cessão**
cesión de derechos	*cessão de direitos*
cesionario	**cessionário**

cibernético	**cibernético**
cíclicamente	**ciclicamente**
cíclico	**cíclico**
ciclo	**ciclo**
ciclo de aprendizaje	*ciclo de aprendizagem*
ciclo de vida	*ciclo de vida*
ciclo de vida del producto	*ciclo de vida do produto*
ciclo económico	*ciclo econômico*
ciclo industrial	*ciclo industrial*
ciclo institucional	*ciclo institucional*
ciego	**cego**
cierre	**encerramento**
cierre de cambio	*fechamento de câmbio*
cierre de la cuenta	*encerramento de conta*
cierre del mercado	*fechamento das negociações*
cierre patronal	**lock-out**
ciertamente	**certamente**
cierto	**certo**
cifrada	**cifrada**
circulación	**circulação**
circulación de bienes	*circulação de mercadorias*
circulación de dinero	*circulação de dinheiro*
circulación económica	*circulação econômica*
circulación monetaria	*circulação monetária*
circulante	**circulante**
circular	**circular**
círculos	**círculos**
círculos de negocios	*círculos de negócios*
circunscripción	**circunscrição**
circunspección	**circunspeção**
circunstancia	**circunstância**

circunstancia atenuante	*circunstância atenuante*
circunstancial	**circunstancial**
circunstancias agravantes	**circunstâncias agravantes**
citación	**citação**
citación judicial	*citações judiciais*
citación personal	*citação pessoal*
citar	**citar**
ciudad	**cidade**
ciudadanía	**cidadania**
ciudadano	**cidadão**
cívico	**cívico**
civil	**civil**
civismo	**civismo**
clamor	**grito**
clandestinidad	**clandestinidade**
clandestino	**clandestino**
clara negligencia	**negligência clara**
claramente	**claramente**
clase	**classe**
clase alta	*classe alta*
clase ejecutiva	*classe executiva*
clase media	*classe média*
clase obrera	*classe operária*
clasificación	**classificação**
clasificación profesional	*classificação profissional*
clasificado	**classificado**
clasificar	**classificar**
cláusula	**cláusula**
cláusula compromisoria	*cláusula compromissória*
cláusula de ajuste	*cláusula de reajuste*
cláusula de boicot	*cláusula de boicote*

cláusula de escape	*cláusula de escape*
cláusula de exención	*cláusula de isenção*
cláusula de guerra	*cláusula de guerra*
cláusula de liberación	*cláusula de liberação*
cláusula de paridad	*cláusula de paridade*
cláusula de paridad cambiaria	*cláusula de paridade cambial*
cláusula de prioridad	*cláusula de prioridade*
cláusula de prorrateo	*cláusula de rateio*
cláusula de reciprocidad	*cláusula de reciprocidade*
cláusula de renuncia	*cláusula de renúncia*
cláusula de reversión	*cláusula de reversão*
cláusula de testigo	*cláusula de testemunha*
cláusula derogatoria	*cláusula derrogatória*
cláusula extraordinaria	*cláusula extraordinária*
cláusula final	*cláusula final*
cláusula leonina	*cláusula leonina*
cláusula obligatoria	*cláusula potestativa*
cláusula penal	*cláusula penal*
cláusula penalización	*cláusula de penalização*
cláusula preferencial	*cláusula de habilitação*
cláusula resolutoria	*cláusula resolutiva*
cláusula restitutoria	*cláusula restituitória*
clemencia	**clemência**
cleptomanía	**cleptomania**
clérigo	**clérigo**
cliente	**cliente**
cliente antiguo	*cliente antigo*
cliente extranjero	*cliente estrangeiro*
cliente frecuente	*cliente regular*
clientela	**clientela**
coacción	**coação**

coacción material	*coação material*
coacción moral	*coação moral*
coactivo	**coercivo**
coalición	**coalizão**
coartada	**álibi**
coautor	**co-autor**
coautoría	**co-autoria**
cobarde	**covarde**
cobardía	**covardia**
cobertura	**cobertura**
	operação de cobertura
cobertura bancaria	*cobertura bancária*
cobertura cambiaria	*cobertura de câmbio*
cobertura de riesgo de cambio	*cobertura de risco de câmbio*
cobertura parcial	*cobertura parcial*
cobrable	**cobrável**
cobranza	**cobrança**
cobranza judicial	*cobrança judicial*
cobrar	**cobrar**
cobrar intereses	*cobrar juros*
cobrar un impuesto	*cobrar um imposto*
cobro	**coleção**
coche	**automóvel**
	carro
codicilo	**codicilo**
codificación	**codificação**
codificar	**codificar**
código	**código**
código canónico	*código canônico*
código civil	*código civil*
código de comercio	*código de comércio*

código de conducta	*código de conduta*
código de ética profesional	*código de ética profissional*
código de justicia militar	*código de justiça militar*
código de la circulación	*código da estrada*
código de procedimiento	*código de processo*
código de procedimiento civil	*código de processo civil*
código de procedimiento penal	*código de processo penal*
código penal	*código penal*
código penal militar	*código militar penal*
coeficiente	**coeficiente**
coeficiente bancario	*coeficiente bancário*
coeficiente de asociación	*coeficiente de associação*
coeficiente de variación	*coeficiente de variação*
coerción	**coerção**
cofinanciación	**co-financiamento**
cofre	**cofre**
cognición	**cognição**
cohabitación	**coabitação**
coheredero	**co-herdeiro**
coherencia	**coerência**
coherente	**coerente**
coincidente	**coincidente**
coito	**coito**
colaboración	**colaboração**
colaborador	**colaborador**
colación	**colação**
colapso	**colapso**
colapso financiero	*crash*
colateral	**colateral**
colateralmente	**colateralmente**
colección de muestras	**coleção de amostras**

colectivamente	coletivamente
colectividad	coletividade
colectivismo	coletivismo
colectivo	coletiva
colega	colega
colegio electoral	colégio eleitoral
colegio notarial	*faculdade notarial*
coligación	colligation
colisión	colisão
colisión negligente	*colisão negligente*
colocación	colocação
colocación de capital	*colocação de capital*
colocación privada	*colocação privada*
colocado	colocado
colocar	colocar
colonia	colônia
colonial	colonial
colonialismo	colonialismo
colonizar	colonizar
colono	colono
colusión	colusão
colusor	collusor
comando terrorista	comando terrorista
combate	combate
combativo	combativo
combinación	combinação
combinar	combinar
combustible	combustível
comentario	comentário
comercial	comercial
comerciante	comerciante

negociante

comerciante de importación	comerciante de importação
comerciante exportador	comerciante de exportação
comercio	**comércio**
comercio acreditado	comércio acreditado
comercio bilateral	comércio bilateral
comercio de Estado	comércio de Estado
comercio de exportación	comércio de exportação
comercio de importación	comércio de importação
comercio de mercaderías	comércio de mercadorias
comercio exterior	comércio exterior
comercio interior	comércio interno
comercio internacional	comércio internacional
comercio liberalizado	comércio liberalizado
comercio multilateral	comércio multilateral
comercio mundial	comércio mundial
cometer	**comprometer-se**
cometer un delito	cometer um crime
cometer un error	cometer um erro
cometer una falta	cometer uma falta
comienzo	**começo**
comisario	**comissário**
comisario de la quiebra	comissário de bancarrota
comisión	**comissão**
comisión administrativa	comissão administrativa
comisión arbitral	comissão de arbitragem
comisión bancaria	comissão bancária
comisión de agencia	comissão de agenciamento
comisión de compromiso	comissão de compromisso
comisión de corretaje	comissão de corretagem
	comissão de intermediação

comisión de gestión	comissão de administração
comisión de guerra	comissão de guerra
comisión de investigación	comissão de inquérito
comisión de tutela	comissão de tutela
comisión de un delito	comissão de um crime
comisión de valores	comissão de valores mobiliários
comisión de venta	comissão de vendas
comisión económica	comissão econômica
comisión estatal	conselho estatal
Comisión Europea	União Europeia
comisión mercantil	comissão mercantil
comisión parlamentaria	comissão parlamentária
comisiones bancarias	taxas de banco
comisiones de agentes	comissões dos agentes
comisiones sobre la producción	comissões sobre produtividade
comisionista	**comissionista**
comité	**comitê**
comité asesor	comitê consultivo
comité de contratación	comissão de contratação
comité de control	comitê de controle
comité de expertos	comissão de peritos
comité directivo	comitê diretor
comité permanente	comissão permanente
comodante	**comodante**
comodatario	**comodatário**
comodato	**comodato**
compañero	**companheiro**
compañía	**companhia**
compañía de seguros	companhia de seguros
compañía de ventas	sociedade de vendas
compañía filial	companhia filial

compañía financiera	*empresa de financiamento*
compañía registrada	*sociedade legal*
compañía subsidiaria	*companhia subsidiária*
comparable	**comparável**
comparación	**comparação**
comparado	**comparado**
comparar	**comparar**
comparativo	**comparativo**
comparecencia	**aparência**
comparecencia ante el tribunal	*aparência judicial*
comparecencia en el juicio	*comparecimento em juízo*
comparecer	**comparecer**
compatibilidad	**compatibilidade**
compatible	**compatível**
compendio	**compêndio**
compensación	**compensação** **ressarcimento**
compensación adicional	*remuneração adicional*
compensación bancaria	*compensação bancária*
compensación total	*remuneração total*
compensar	**compensar**
compensatoria	**compensatória**
compensatorio	**compensative**
competencia	**competência** **concorrência**
competencia desleal	*concorrência desleal*
competencia imperfecta	*competição imperfeita*
competencia jurisdiccional	*competência jurisdicional*
competencia técnica	*competência técnica*
competente	**competente**
competidor	**concorrente**

competir	competir
competitivo	competitivo
compilación	compilação
compilar	compilar
complacencia	complacência
complejo	complexo
complemento	complemento
completamente	completamente
completar una condena	completar uma condenação
completo	completo
complicación	complicação
complicar	complicar
cómplice	cúmplice
cómplice instigador	*instigador cúmplice*
complicidad	cumplicidade
componente	componente
componente de crecimiento	*componente de crescimento*
comportamiento	comportamento
composición	composição
composición accionarial	*composição acionária*
compra	compra
compra de moneda extranjera	*compra de moeda estrangeira*
compra y venta	comprar e vender
comprador	comprador
comprador a granel	*comprador a granel*
comprador a plazos	*comprador de prestação*
comprador extranjero	*comprador estrangeiro*
comprador interesado	*potencialcomprador*
comprador nacional	*comprador nacional*
comprar	comprar
comprar a crédito	*comprar a crédito*

comprar barato	*comprar barato*
compras	compras
comprensión	compreensão
comprensivo	compreensiva
comprimir	comprimir
comprobación de peso	verificação de peso
comprobante	comprovante
comprobante de depósito	*comprovante de depósito*
comprobante de pago	*comprovante de pagamento*
comprobantes	comprovantes
comprobar	verificar-se
comprobar una factura	*verificar uma factura*
comprometerse	se engajar em
compromisario	compromissário
compromiso	compromisso
compromiso de confidencialidad	*compromisso de sigilo*
compromiso formal	*compromisso formal*
compuesto	constituída
compulsión	compulsão
computadora	computador
común	comum
comunal	comunal
comunicación	comunicação
comunicación formal	*comunicação formal*
comunicación informal	*comunicação informal*
comunicar	comunicar-se
comunidad	comunidade
comunidad cerrada	*condomínio fechado*
comunidad de bienes	*comunhão de bens*
Comunidad Europea	*Comunidade Europeia*
comunidad religiosa	*comunidade religiosa*

comunismo	comunismo
comunista	comunista
con cualquier pretexto	sob qualquer pretexto
con efecto retroactivo	efeitos retroactivos
con fuerza de ley	com força de lei
concebido	concebido
concebir	conceber
conceder	conceder
conceder un crédito	*conceder um crédito de*
conceder un descuento	*conceder um desconto*
conceder un préstamo	*conceder um empréstimo*
conceder una hipoteca	*conceder uma hipoteca*
conceder una patente	*conceder uma patente*
conceder una prórroga	*conceder uma prorrogação*
conceder una tregua	*conceder uma trégua*
concedido	concedido
concentración	concentração
concepción del producto	concepção do produto
concepto	conceito
concertado	concertado
concesión	concessão
concesión comercial	*concessão comercial*
concesión de crédito	*concessão de crédito*
concesión de un contrato	*concessão de um contrato*
concesión de una licencia	*concessão de uma licença*
concesión de una patente	*concessão de uma patente*
concesionario	concessionário
conciencia	consciência
conciliable	reconciliável
conciliación	conciliação
conciliación bancaria	*conciliação bancária*

conciliación de cuentas	conciliação de contas
	conta de reconciliação
conciliación numérica	conciliação numérica
conciliar	**conciliar**
conciliar una cuenta	reconciliar uma conta
conciudadano	**concidadão**
concluir	**concluir**
conclusión	**conclusão**
concomitante	**concomitante**
concordancia	**concordância**
concordato	**concordat**
concordia	**concórdia**
concubina	**concubina**
concubinato	**concubinato**
concurso	**competição**
condena	**condena**
condena en gastos	condena em despesas
condena en rebeldía	condena em rebeldia
condena incidental	condena incidental
condenación	**convicção**
condenado	**condenado**
condenar	**encontrar culpado**
condenatorio	**condenatória**
condensación	**condensação**
condición	**condição**
condición alternativa	condição alternativa
condición expresa	condição expressa
condición ilícita	condição ilícita
condición implícita	condição implícita
condición inmoral	condição imoral
condición insolvente	condição insolvente

condición jurídica	condição jurídica
condición necesaria	condição necessária
condición nula	condição nula
condición ocasional	condição ocasional
condición opcional	condição opcional
condición potestativa	condição potestativa
condición previa	condição precedente
condición prohibida	condição proibida
condición resolutoria	condição resolutiva
condición suspensiva	condição suspensiva
condición válida	condição válida
condicionados a	**condicionados a**
condicional	**condicional**
condiciones	**condições**
condiciones comerciales	condições comerciais
condiciones de aceptación	condições de aceitação
condiciones de la oferta	condições de oferta
condiciones de pago	condições de pagamento
	forma de pagamento
condiciones de trabajo	condições de trabalho
condiciones de transporte	condições de transporte
condiciones de una licencia	condições de uma licença
condiciones de una póliza	condições de uma política
condiciones de venta	condições de venda
condiciones del seguro	condições de seguro
condiciones sociales	condição social
condominio	**condomínio**
condonación de la deuda	**perdão de dívida**
conducción	**condução**
conducción de presos	condução de prisioneiros
conducción peligrosa	condução perigosa

conducir	**conduzir**
	dirigir
conducta	**conduta**
conducta engañosa	*conduta enganosa*
conducta irreprochable	*conduta impecável*
conectar	**conectar**
confederación	**confederação**
conferencia	**conferência**
conferencia telefónica	*conferência telefônica*
conferido	**conferido**
conferir	**conferir**
	confession
confesión	**confissão**
confesión decisiva	*confissão decisiva*
confesión en articulo mortis	*confesión en articulo mortis*
confesión ficticia	*confissão indireta*
confesión judicial	*confissão judicial*
confesión penal	*confissão penal*
confesión pública	*confissão civil*
confiabilidad	**confiabilidade**
confianza	**confiança**
confianza contingente	*confiança contingente*
confianza empresarial	*confiança empresarial*
confianza nominal	*confiança nominal*
confiar	**confiar**
confidencial	**confidencial**
confidente	**confidente**
configuración	**configuração**
confinable	**confinable**
confinado	**confinado**
confinamiento	**confinamento**

confirmación	confirmação
confirmación de precio	*confirmação de preço*
confirmado	confirmado
confirmar	confirmar
confirmar un acuerdo	*confirmar um acordo*
confiscable	confiscable
confiscar	apreender
confiscar	confiscar
conflagración	conflagração
conflicto	conflito
conflicto laboral	*conflito de trabalho*
conflictos internacionales	*conflitos internacionais*
conflictos laborales	*disputas industriais*
confluencia	confluência
conformación	conformação
conformidad	conformidade
confrontación	confrontação
confrontación	confronto
confrontación de las partes	*confrontação das partes*
confrontación de testigos	*confronto de testemunha*
confrontar	confrontar
confundido	confuso
confundir	confundir
confusión	confusão
congelación	congelamento
congelación de precios	*congelamento de preços*
congelación salarial	*congelamento de salário*
congelado	congelado
congelar	congelar
congestión	congestionamento
conglomerado	conglomerado

congresista	deputado
congreso	congresso
congreso de los diputados	*Congresso dos Deputados*
congresos internacionales	*congressos internacionais*
congruencia	congruência
congruente	congruente
conjetura	conjetura
conjunta	conjunta
conjuntamente	conjuntamente
	juntamente
conjunto	combinado
	conjunto
conjunto de cuentas	*grupo de contas*
conminatoria	cominatória
conmutación	comutação
conmutar	comutar
connivencia	conivência
conocimiento aéreo	conhecimento aéreo
conocimiento de embarque	*conhecimento de embarque*
conocimiento del proceso	*conhecimento de processo*
conquista	conquista
conquistar	conquistar
consanguíneo	consanguíneo
consanguinidad	consangüinidade
conscientemente	conscientemente
consecuencia	consequência
consecuente	consequente
consecuentemente	consequentemente
conseguir un préstamo	obter um empréstimo
consejero legal	assessor jurídico
consejo	conselho

consejo consultivo	*conselho consultivo*
consejo de administración	*conselho de administração*
consejo de ministros	*conselho de ministros*
consejo deliberante	*conselho deliberativo*
Consejo Municipal	*conselho municipal*
consejo secreto	*conselho secreto*
consenso	**consenso**
consensual	**consensual**
consentimiento	**consentimento**
consentimiento expreso	*consentimento expresso*
consentimiento matrimonial	*consentimento matrimonial*
consentimiento mutuo	*consentimento mútuo*
consentimiento paterno	*consentimento paterno*
consentimiento por sucesión	*consentimento por sucessão*
consentimiento tácito	*consentimento tácito*
conservación	**conservação**
conservar	**conservar**
considerable	**considerável**
consideración	**consideração**
consideración ilegal	*consideração ilegal*
consideración legal	*consideração legal*
consideración moral	*consideração moral*
consideración mutua	*consideração mútua*
consideración nominal	*consideração nominal*
considerado	**considerado**
considerandos	**considerandos**
considerar	**considerar**
consignación	**consignação**
consignación en juicio	*consignação em juízo*
consignación judicial	*consignação judicial*
consignador	**expedidor**

consignatario	consignatário
consistencia	consistência
consistir en	consistem em
consistorial	consistorial
consolidación	consolidação
consolidación de una deuda	*consolidação de uma dívida*
consolidado	consolidado
consolidar	consolidar
consorciado	consorciado
consorcio	consórcio
consorcio de bancos	*consórcio de bancos*
conspiración	conspiração
conspirar	conspirar
constante	constante
constitución	constituição
constitución de garantías	*segurança colateral*
constitucional	constitucional
constitucionalidad	constitucionalidade
constituido	constituído
constitutivo	constitutivo
constituyente	constituinte
construcción	construção
construcción civil	*construção civil*
construir	construir
consuetudinario	consuetudinário
cónsul	cônsul
consulado	consulado
consulado general	*consulado geral*
consular	consular
consulta	consulta
consulta pública	*consulta pública*

consultar	**consultar**
consultivo	**consultivo**
consultor	**consultor**
consultor estatal	*consultor estatal*
consultor jurídico	*consultor jurídico*
consultoría	**consultoria**
consumación	**consumação**
consumación del matrimonio	*consumação do matrimônio*
consumado	**consumado**
consumida	**consumida**
consumidor	**consumidor**
consumidor de renta alta	*consumidor de alta renda*
consumidor final	*consumidor final*
consumir	**consumir**
consumo	**consumo**
consumo de alimento	*consumo de alimento*
consumo privado	*consumo privado*
contabilidad	**contabilidade**
contabilidad de costes	*contabilidade de custos*
contabilidad de gestión	*contabilidade de gestão*
contabilidad financiera	*contabilidade financeira*
contabilidad nacional	*contabilidade nacional*
contabilidad por partida doble	*contabilidade partidas dobradas*
contabilidad social	*contabilidade social*
contador	**contador**
contaminación	**contaminação**
contaminado	**contaminado**
contaminar	**poluir**
contar	**contar**
contemplado	**contemplado**
contemplar	**contemplar**

contención	**contenção**
contención de costes	*contenção de custos*
contencioso	**contencioso**
contencioso-administrativo	*contencioso administrativo*
contenedor	**container**
contenedores	**containeres**
continencia	**continência**
continencia de la demanda	*continência do processo*
continental	**continental**
contingencia	**contingência**
contingencias pendientes	*contingências pendentes*
contingente	**contingente**
continuación	**continuação**
continuidad	**continuidade**
continuo	**contínuo**
contra	**contra**
contra argumentos	*contra-razões*
contra derecho	*contra direito*
contra la ley	*contra lei*
contra natura	*contra natureza*
contra notificación	*contra-notificação*
contra proposición	*contraproposição*
contra reembolso	*pagamento contra entrega*
contrabandista	**contrabandista**
contracción	**contração**
contractual	**contratual**
contradicción	**contradição**
contradictorio	**contraditório**
	contra-oferta
contraoferta	**contra-proposta**
contrapartida	**contrapartida**

contrariedad	**contrariedade**
contraseña	**referendar**
contratación	**contratação**
contratar	**alugar**
contratista	**contratante**
contrato	**contrato**
contrato a plazo	*contrato a termo*
contrato accesorio	*contrato acessório*
contrato atípico	*contrato atípico*
contrato bilateral	*contrato bilateral*
contrato civil	*contrato civil*
contrato comercial	*contrato comercial*
contrato consensual	*contrato consensual*
contrato de adhesión	*contrato de adesão*
contrato de arrendamiento	*contrato de arrendamento*
contrato de asistencia técnica	*contrato de assistência técnica*
contrato de comodato	*contrato de comodato*
contrato de compra y venta	*contrato de compra e venda*
contrato de consultoría	*contrato de consultoria*
contrato de crédito	*contrato de crédito*
contrato de custodia	*contrato de custódia*
contrato de donación	*contrato de doação*
contrato de edición	*contrato de edição*
contrato de garantía	*contrato de garantia*
contrato de garantía real	*contrato de garantia real*
contrato de gestión	*contrato de administração*
contrato de pasaje	*contrato de passagem*
contrato de permuta	*contrato de permuta*
contrato de seguro	*contrato de seguro*
contrato de soporte operacional	*contrato de apoio operacional*
contrato de suministro	*contrato de fornecimento*

contrato de trabajo	*contrato de trabalho*
contrato de venta	*contrato de venda*
contrato de venta en firme	*contrato de venda firme*
contrato ejecutorio	*contrato executório*
contrato judicial	*contrato judicial*
contrato leonino	*contrato leonino*
contrato matrimonial	*contrato matrimonial*
contrato mercantil	*contrato mercantil*
contrato notarial	*contrato notarial*
contrato peligroso	*contrato arriscado*
contrato permanente	*contrato permanente*
contrato privado	*contrato privado*
contrato verbal	*contrato oral*
contravalor	**equivalente**
contravención	**contravenção**
contribución	**contribuição**
contribución controlable	*contribuição controlável*
contribución de guerra	*contribuição guerra*
contribuciones en efectivo	*contribuições de caixa*
contributivo	**contributive**
contribuyente	**contribuinte**
control	**controle**
control accionarial	*controle acionário*
control de calidad	*controle de qualidade*
control de cambios	*controle de câmbio*
control de consumo	*controle de consumo*
control de exportaciones	*controle de exportação*
control de importaciones	*controle de importação*
control de precios	*controle de preços*
control de salarios	*controle de salários*
control de vigilancia	*pessoal de supervisão*

control estratégico	*controle estratégico*
control parlamentario	*controle parlamentário*
control presupuestario	*controle orçamentário*
control social	*controle social*
controlable	**controlável**
controlada	**controlado**
controlador	**controlador**
controles de comportamiento	*controles de comportamento*
controles de personal	*controles de pessoal*
controles de salida	*controles de saída*
controversia	**controvérsia**
controvertido	**controvertido**
controvertir	**controverter**
contumacia	**contumácia**
contusión	**contusão**
convalidación	**revalidação**
convalidar	**revalidar**
convención	**convenção**
convención colectiva	*convenção coletiva de trabalho*
convencional	**convencional**
conveniente	**conveniente**
convenientemente	**convenientemente**
convenio bilateral	**acordo bilateral**
conversación	**conversação**
conversión	**conversão**
convertibilidad	**conversibilidade**
convertibilidad externa	*conversibilidade externa*
convertibilidad interna	*conversibilidade interna*
convertibilidad limitada	*conversibilidade limitada*
convertible	**convertível**
convicción	**convincente**

convicto ejecutado	presidiário executado
convocar	convocar
conyugal	conjugal
cónyuge	cônjuge
	consorte
cooperación	cooperação
cooperación agrícola	*cooperação agrícola*
cooperativa	cooperativa
coordenada	coordenar
copia	cópia
copia autenticada	*cópia autenticada*
copia de factura	*cópia de fatura*
copia de reserva	*cópia de reserva*
copia impresa	*cópia impressa*
copropiedad	co-propriedade
copropietario	co-proprietário
corporación	corporação
corporación empresarial	*corporação de negócios*
corporación extranjera	*corporação estrangeira*
corporal	corporal
corporativo	corporativo
corrección	correção
corrección disciplinaria	*correção disciplinar*
correccional	correcional
correctivo	corretivo
	broker
corredor	corretor
corredor comercial	*corretor comercial*
corredor de productos básicos	*corretor de mercadorias*
corredor de seguros	*corretor de seguro*
corredor de valores	*corretor de ações*

corregido	**corrigida**
corregir severamente	**corrigir severamente**
correlación	**correlação**
correlación de pruebas	*correlação de testes*
correo	**correio**
correo certificado	*correio certificado*
correspondencia	**correspondência**
correspondencia comercial	*correspondência comercial*
corresponsal	**correspondente**
corresponsal bancario	*correspondente bancário*
corresponsal privado	*correspondente particular*
corretaje	**corretagem**
corriente	**atual**
corrupción	**corrupção**
corrupción de menores	*corrupção de menores*
corrupto	**corrupto**
corruptor	**corruptor**
corte	**tribunal**
cortesía	**cortesia**
corto	**curto**
coste	**custo**
costas judiciales	*custas processuais*
coste de compra	*custo de compra*
coste de fabricación	*custo de produção*
coste de la financiación	*custo de financiamento*
coste de liquidación	*custo de liquidação*
coste de los salarios	*custo salarial*
coste medio	*custo médio*
coste real	*custo real*
coste relevante	*custo relevante*
coste total	*custo total*

coste unitario	custo de unidade
coste variable	custo variável
costes adicionales	custos adicionais
costes de compra	custos de compra
costes de distribución	custos de distribuição
costes de financiación	custos de financiamento
costes de función del negocio	custos da função de negócio
costes de infraestructura	custos de infraestrutura
costes fijos	custos fixos
costes laborales	despesas de pessoal
costo	**custo**
costo a largo plazo	custo de longo prazo
costo actual	custo atual
costo artificial	custo artificial
costo comercial	custo comercial
costo común	custo comum
costo conjunta	custo conjunto
costo contable	custo contábil
costo controlable	custo controlável
costo de capacidad	custo de capacidade
costo de capital	custo de capital
costo de compensación	custo de compensação
costo de mantenimiento	custo de manutenção
costo de mercado	custo de mercado
costo de oportunidad	custo de oportunidade
costo de producción	custo de produção
costo de reposición	custo de reposição
costo de ventas	custo das vendas
costo del material	custo de material
costo del producto	custo do produto
costo diferencial	custo diferencial

costo estimado	*custo estimado*
costo evitable	*custo evitável*
costo histórico	*custo histórico*
costo histórico nominal	*custo histórico nominal*
costo incremental	*custo incremental*
costo industrial	*custo industrial*
costo inevitable	*custo inevitável*
costo inicial	*custo inicial*
costo marginal	*custo marginal*
costo mixta	*custo misto*
costo operacional	*custeio operacional*
costos	**custos**
costos de fabricación	*despesas industriais*
costos del periodo	*custos do período*
costos directos	*custos diretos*
costos estimados	*custos estimados*
costos incidentales	*despesas incidentais*
costos indirectos de producción	*despesas gerais de fábrica*
costos marginales	*custeio marginal*
costos permitidos	*custos admissíveis*
costos presupuestados	*custos orçamentados*
costos progresivos	*despesas progressivas*
costoso	**caro**
costumbre inveterada	**costume inveterada**
cotejar	**cotejar**
cotización	**cotação**
cotización de las acciones	*cotação de ações*
cotización del dólar	*cotação do dólar*
cotización en firme	*cotação firme*
covarianza	**covariância**
coyuntura	**conjuntura**

coyuntura económica	*conjuntura econômica*
craso error	**erro grosseiro**
crear	**criar**
creatividad	**criatividade**
crecer	**crescer**
crecimiento	**crescimento**
crecimiento económico	*crescimento econômico*
crecimiento funcional	*crescimento funcional*
credencial	**credencial**
credibilidad	**credibilidade**
crédito	**crédito**
crédito a corto plazo	*crédito a curto prazo*
crédito a la exportación	*crédito à exportação*
crédito a largo plazo	*crédito a longo prazo*
crédito a medio plazo	*crédito a prazo médio*
crédito abierto	*crédito aberto*
crédito al consumo	*crédito ao consumidor*
crédito bancario	*crédito bancário*
crédito cerrado	*crédito fechado*
crédito comercial	*crédito comercial*
crédito de comercio exterior	*crédito de comércio exterior*
crédito de producción	*crédito de produção*
crédito del gobierno	*crédito do governo*
crédito divisible	*crédito divisível*
crédito documentario	*crédito documentário*
crédito externo	*crédito externo*
crédito fiscal	*crédito fiscal*
crédito hipotecario	*crédito hipotecário*
crédito ilimitado	*crédito ilimitado*
crédito inmobiliario	*crédito imobiliário*
crédito insolvente	*crédito insolvente*

crédito irrevocable	*crédito irrevogável*
crédito limpio	*crédito limpo*
crédito negociable	*crédito negociável*
crédito oficial	*crédito oficial*
crédito ordinario	*crédito ordinário*
crédito personal	*crédito pessoal*
crédito preferencial	*crédito preferencial*
crédito preferente	*crédito privilegiado*
crédito revocable	*crédito revogável*
crédito rotativo	*crédito rotativo*
crédito transferible	*crédito transferível*
créditos a liquidar	*dívidas vencidas*
créditos de consumo	*empréstimo de consumo*
cremación	**cremação**
crematística	**crematística**
criado	**criado**
crimen	**crime**
crimen accesorio	*felonia acessória*
crimen atroz	*crime abominável*
crimen impune	*crime impune*
crimen perfecto	*crime perfeito*
crímenes de guerra	*crimes de guerra*
crímenes deliberados	*crimes deliberados*
criminal	**criminal**
	criminoso
criminalidad	**criminalidade**
criptografía	**criptografia**
crisis	**crise**
crisis económica	*crise econômica*
crisis financiera	*crise financeira*
crisis ministerial	*crise ministerial*

crisis monetaria	*crise monetária*
crisis parcial	*crise localizada*
criterio	**critério**
criterio de elección	*critério de escolha*
crítico	**crítico**
cronológico	**cronológico**
croquis	**croquis**
cruel	**cruel**
crueldad	**crueldade**
cuadrilla de obreros	**bando de operários**
cualitativo	**qualitativo**
cuarentena	**quarentena**
cubierto	**coberto**
cubrir	**cobrir**
cuenta	**conta**
cuenta aceptada	*conta aceitada*
cuenta asegurada	*conta assegurada*
cuenta bancaria	*conta bancária*
	conta de banco
cuenta bancaria común	*conta corrente*
cuenta bancaria negativa	*conta bancária negativa*
cuenta bloqueada	*conta bloqueada*
cuenta de capital	*conta de capital*
cuenta comercial	*conta comercial*
cuenta conjunta	*conta conjunta*
cuenta corriente	*conta corrente*
cuenta de ahorros	*caderneta de poupança*
cuenta de caja	*conta de caixa*
cuenta de compras	*conta de compras*
cuenta de crédito	*conta de crédito*
cuenta de débito	*conta de débito*

cuenta de deposito	conta de depósito
cuenta de inventario	conta de inventário
cuenta de liquidación	conta de liquidação
cuenta de materiales	lista de materiais
cuenta de mercaderías	conta de mercadorias
cuenta de nómina	conta salário
cuenta de pérdidas y ganancias	conta de lucros e perdas
cuenta de préstamo	conta de empréstimo
cuenta de reserva	conta de reserva
cuenta de resultados	conta de resultado
cuenta de ventas	conta de vendas
cuenta en moneda extranjera	conta em moeda estrangeira
cuenta especial	conta especial
cuenta externa	conta externa
cuenta inactiva	conta inativa
cuenta la participación	conta de participação
cuenta muerta	conta morta
cuenta nominal	conta nominal
cuenta personal	conta pessoal
cuenta por cobrar	conta a receber
cuenta privada	conta privada
cuentas	**contas**
cuentas a cobrar	contas a receber
cuentas a pagar	contas a pagar
cuentas cobrables	contas cobráveis
cuentas consolidadas	contas consolidadas
cuentas de activo	contas de ativos
cuentas de compensación	contas de compensação
cuentas de gastos	contas de despesa
cuentas de ingresos	contas de renda
cuentas de residentes	contas de residentes

cuentas por pagar	contas pagáveis
cuerpo	**corpo**
cuerpo de accionistas	corpo de acionistas
cuerpo del delito	corpo do crime
cuerpo diplomático	corpo diplomático
cuerpo legislativo	corpo legislativo
cuestión	**questão**
cuestión de orden	questão de ordem
cuestión general	questão geral
cuestión irrelevante	pergunta irrelevante
cuestionar	**questionar**
cuidado	**cuidado**
cuidadosamente	**cuidadosamente**
culpa	**culpa**
culpa grave	culpa grave
	negligência grosseira
culpa leve	culpa leve
culpable	**culpable**
	culposo
cultivable	**cultivável**
cumplimiento	**cumprimento**
cumplimiento de la ley	execução de lei
cumplimiento de un contrato	cumprimento de um contrato
cumplir	**cumpra-se**
cumplir con	em conformidade com
cumplir con una obligación	cumprir um dever
cuñado	**cunhado**
cuota	**quota**
cuota de exportación	quota de exportação
cuota de importación	quota de importação
cuota de mercaderías	quota de mercadorias

cuota de socio	*taxa de adesão*
cuota hereditaria	*quota hereditária*
cupo de divisas	*quota de divisas*
cupón	**cupom**
cupón de interés fijo	*cupom de juros fixos*
currículo	**curriculum**
custodia	**custódia**

chantaje

Español	Portugués
chantaje	**chantagem**
chantajear	**chantagear**
chantajista	**chantagista**
chatarra	**sucata**
cheque	**cheque**
cheque al portador	*cheque a portador*
cheque bancario	*cheque bancário*
cheque compensado	*cheque compensado*
cheque cruzado	*cheque cruzado*
cheque en blanco	*cheque em branco*
cheque en compensación	*cheque em compensação*
cheque falsificado	*cheque falsificado*
cheque sin fondos	*cheque descoberto*
	cheque sem fundos
cheque visado	*cheque visado*
choque	**choque**

daño

Español	Portugués
daño	**dano**
daño criminal	*dano criminal*
daño emergente	*dano emergente*
daño material	*indenizações pecuniárias*
daño mortal	*dano mortal*
daños	**danos**
daños estéticos	*danos desfigurantes*
daños a la autoridad	*danos à autoridade*
daños a la propiedad	*danos materiais*
daños a terceros	*danos a terceiros*
daños corporales	*danos pessoais*
daños de guerra	*danos de guerra*
daños directos	*danos diretos*
daños emergentes	*danos incidentais*
daños especiales	*danos especiais*
daños físicos	*danos físicos*
daños generales	*danos gerais*
daños imprevistos	*danos conseqüentes*
daños indirectos	*danos indiretos*
daños morales	*danos morais*
daños previsibles	*danos previsíveis*
daños punitivos	*danos punitivos*
daños reales	*danos reais*
daños sustanciales	*danos substanciais*
dar	**dar**
dar a luz	*dar à luz*
dar carta blanca	*dar carta branca*

dar el cese	*dar a cessação*
dar fe	*dar fé*
dar lugar a	*dar origem a*
dar publicidad	*dar publicidade*
dar sentencia	*dar sentença*
dar testimonio	*dar testemunho*
datos personales	**dados pessoais**
debate	**debate**
deber fiduciario	**obrigação fiduciária**
deberes	**deveres**
deberes del comprador	*deveres do comprador*
debido	**devido**
debido a	*em consequência de*
debilidad	**debilidade**
débito	**débito**
decaimiento	**decadência**
decapitación	**decapitação**
decente	**decente**
decepción	**decepção**
decepción principal	*decepção principal*
decidir	**decidir**
decir	**dizer**
decisión	**decisão**
decisión adicional	*decisão adicional*
decisión administrativa	*decisão administrativa*
decisión arbitral	*decisão arbitral*
decisión definitiva	*decisão final*
decisión inapelable	*decisão irrecorrível*
decisión judicial	*decisão judicial*
decisión motivada	*decisão fundamentada*
decisión principal	*deliberação principal*

decisiones	**decisões**
decisiones a corto plazo	*decisões de curto prazo*
decisiones a largo plazo	*decisões de longo prazo*
decisiones estratégicas	*decisões estratégicas*
decisiones operativas	*decisões operativas*
decisivo	**decisivo**
	declaração
declaración	**deposição**
declaración ante el juez	*declaração antes do juiz*
declaración de confianza	*declaração de confiança*
declaración de culpabilidad	*declaração de culpa*
declaración de exportación	*declaração de exportação*
declaración de guerra	*declaração de guerra*
declaración de inocencia	*declaração de inocência*
declaración de los hechos	*declaração de fatos*
declaración de nulidad	*declaração de nulidade*
declaración de origen	*declaração de origem*
declaración de paternidad	*declaração de paternidade*
	declaração de bancarrota
declaración de quiebra	*decretação da falência*
declaración de utilidad pública	*~ de utilidade pública*
declaración de voluntad	*declaração de vontade*
declaración del testigo	*declaração de testemunha*
declaración en lecho de muerte	*declaração leito de morte*
declaración errónea	*declaração inexata*
declaración fortuita	*afirmação fortuita*
declaración jurada	*declaração juramentada*
declaración verbal	*declaração oral*
declarado	**declarado**
declarante	**declarante**
declarar	**declarar**

declarar a alguien en quiebra	*declarar alguém falido*
declaratorio	**declaratória**
decoración	**decoração**
decreciente	**declinante**
	decrescente
decreto	**decreto**
decreto de adjudicación	*decreto de adjudicação*
decreto de insolvencia	*decreto de insolvência*
decreto de nulidad	*decreto de nulidade*
decreto ministerial	*decreto ministerial*
decreto-ley	*decreto-lei*
dedicación	**dedicação**
dedicar	**dedicar**
deducción	**dedução**
deducción de los gastos	*dedução de despesas*
deducción fiscal	*desagravamento fiscal*
deducible	**dedutible**
deducida	**deduzida**
deducir	**deduzir**
	inferir
defecto	**defeito**
defecto de fabricación	*defeito de fabricação*
defectuoso	**defeituoso**
defender	**defender**
defender el honor	*defender a honra*
defensa	**defesa**
defensa completa	*ampla defesa*
defensa personal	*exceção pessoal*
defensivo	**defensivo**
defensor	**defensor**
deficiencia	**deficiência**

deficiente	**deficiente**
deficiente mental	*deficiente mental*
déficit	**déficit**
déficit de balanza de pagos	*déficit balança de pagamentos*
déficit de presupuesto	*déficit orçamentário*
déficit del comercio exterior	*déficit do comércio exterior*
déficit financiero	*déficit financeiro*
deficitario	**deficitário**
definición	**definição**
definido	**definido**
definitivo	**definitivo**
deflación	**deflação**
deflacionista	**deflacionária**
deformación	**deformação**
defraudar	**defraudar**
defraudar a los acreedores	*defraudar os credores*
degeneración	**degeneração**
degradación	**degradação**
degradar	**degradar**
delación	**delação**
delegación	**delegação**
delegación de poderes	*delegação de poderes*
delegado	**delegado**
delegar	**delegar**
deliberación	**deliberação**
deliberado	**deliberada**
delimitación	**delimitação**
delimitar	**delimitar**
delincuencia	**delinquência**
delincuencia juvenil	*delinqüência juvenil*
delincuente	**delinquente**

delincuente habitual	delinquente habitual
delito	**felonia**
delito común	crime comum
delito consumado	crime consumado
delito continuado	crime contínuo
delito criminal	crime doloso
delito culposo	crime culposo
delito de prevaricación	crime de prevaricação
delito fiscal	infracção fiscal
delito flagrante	crime flagrante
delito frustrado	crime frustrado
delito monetario	felonia monetária
delito por omisión	felonia por omissão
delitos contra la honestidad	crimes contra a honestidade
delitos de guante blanco	crimes de colarinho branco
delitos de omisión	ofensas de omissão
delitos políticos	crimes políticos
delitos sexuales	crimes sexuais
demanda	**demanda**
demanda civil	ação civil
demanda de crédito	exigência de crédito
demanda de divorcio	demanda de divórcio
demanda de importaciones	demanda de importação
demanda de inversión	demanda de investimento
demanda de nulidad	ação de nulidade
demanda de pago	exigência de pagamento
demanda ejecutiva	demanda executiva
demanda externa	demanda externa
demanda final	ação judicial definitiva
demanda por difamación	processo por calúnia
demanda potencial	demanda potencial

demandado	demandado
demandante	demandante
	querelante
demarcación	demarcação
demencia senil	demência senil
demente	demente
democracia	democracia
democrática	democrática
demografía	demografia
demográfico	demográfico
demoler	demolir
demolición	demolição
demorado	demorado
demostración	demonstração
denegación de justicia	denegação de justiça
denigrar	denegrir
denominación	denominação
denominación de origen	*denominação de origem*
denominación social	*denominação social*
densidad	densidade
dentro	dentro de
denuncia	denúncia
denuncia calumniosa	*acusação maliciosa*
denunciante	acusante
	denunciante
denunciar	denunciar
deontología	deontologia
deontología jurídica	*deontologia jurídica*
deontología profesional	*deontologia profissional*
departamento	departamento
departamento comercial	*departamento comercial*

departamento de ahorros	*departamento de poupanças*
departamento de cobros	*departamento de cobrança*
departamento de compras	*departamento de compras*
departamento de contabilidad	*departamento de contabilidade*
departamento de entrega	*departamento de entrega*
departamento de exportación	*departamento de exportação*
departamento de personal	*departamento de pessoal*
departamento de producción	*departamento de produção*
departamento de publicidad	*departamento de publicidade*
~ de recursos humanos	*~ recursos humanos*
departamento de ventas	*departamento de vendas*
departamento financiero	*departamento financeiro*
depauperación	**depauperación**
depende de	**depende de**
dependencia	**dependência**
dependiente	**dependente**
	vendedor
dependientes	**dependentes**
deponente	**depoente**
deportación	**deportação**
deportar	**deportar**
deposición personal	**depoimento pessoal**
depositada	**depositada**
depositante	**depositante**
depositar una fianza	*depositar uma fiança*
depositario	**depositário**
depósito	**depósito**
depósito a corto plazo	*depósito a curto prazo*
depósito a la vista	*depósito à vista*
depósito a largo plazo	*depósito a longo prazo*
depósito a medio plazo	*depósito a prazo médio*

111

depósito a plazo fijo	*depósito a prazo*
depósito bancario	*depósito bancário*
depósito en garantía	*depósito em garantia*
depósito irregular	*depósito irregular*
depósito judicial	*depósito judicial*
depósito personal	*depósito pessoal*
depósito regular	*depósito regular*
depósitos a la vista	*depósitos à vista*
depósitos a plazo	*depósitos a prazo*
depósitos de ahorro	*depósitos de poupança*
depravación	**depravação**
depravado	**depravado**
depravar	**depravar**
depreciación	**depreciação**
depreciación acelerada	*depreciação acelerada*
depreciación fija	*depreciação fixa*
depreciación real	*depreciação real*
depreciado	**depreciado**
depreciar	**depreciar**
depredación	**depredação**
depresión	**depressão**
deprimir	**diminuir**
depuración	**depuração**
depurar	**depurar**
derecho	**direito**
derecho a la herencia	*direito de herança*
derecho a la huelga	*direito de greve*
derecho a la intimidad	*direito à privacidade*
derecho a la prueba	*direito à prova*
derecho a la vida	*direito à vida*
derecho absoluto	*direito absoluto*

derecho accesorio	direito acessório
derecho administrativo	direito administrativo
derecho adquirido	direito adquirido
derecho agrario	direito agrário
derecho al nombre	direito ao nome
derecho al voto	direito ao voto
derecho canónico	direito canônico
derecho civil	direito civil
derecho colonial	direito colonial
derecho comparado	direito comparado
derecho comunitario	direito comunitário
derecho constitucional	direito constitucional
derecho consuetudinario	direito consuetudinário
derecho contractual	direito contratual
derecho de abstención	direito de abstenção
derecho de acceso	direito de acessão
derecho de acción	direito de ação
derecho de asilo	direito de asilo
derecho de audiencia	direito de ser ouvido
derecho de compensación	direito de compensação
derecho de entrada	direito de entrada
derecho de familia	direito da família
derecho de la prueba	direito probatório
derecho de paso	servidão de passagem
derecho de primogenitura	direito de primogenitura
derecho de propiedad industrial	direito de propriedade industrial
derecho de recurso	direito de recurso
derecho de redención	direito de redenção
derecho de réplica	direito de réplica direito de resposta
derecho de retención	direito de retenção

derecho de reunión	direito de reunião
derecho de suscripción	direito de subscrição
derecho de tanteo	direito de preferência
derecho de transporte	direito de transporte
derecho de uso	direito de usar
derecho de usufructo	direito de usufruto
derecho de veto	direito de veto
derecho de voto	direito de voto
derecho diferencial	dever diferencial
derecho disciplinario	direito disciplinar
derecho eclesiástico	direito eclesiástico
derecho empresarial	direito empresarial
derecho estatutario	direito estatutário
derecho financiero	direito financeiro
derecho internacional	direito internacional
derecho inveterado	direito inveterado
derecho laboral	direito do trabalho
derecho local	direito local
derecho marítimo	direito marítimo
derecho matrimonial	direito matrimonial
derecho militar	direito militar
derecho municipal	direito municipal
derecho nacional	direito nacional
derecho parlamentario	lei parlamentária
derecho penal	direito penal
derecho político	direito político
derecho positivo	direito positivo
derecho privado	direito privado
derecho privilegiado	direito privilegiado
derecho procesal	direito processual
derecho romano	direito romano

derecho subjetivo	*direito subjetivo*
derecho transitorio	*direito transitório*
derechos civiles	*direitos civis*
derechos constitucionales	*direitos constitucionais*
derechos de autor	*copyrights*
derechos de la infancia	*direitos da infância*
derechos de participación	*direitos de participação*
derechos de patente	*direitos de patente*
derechos de propiedad	*direitos de propriedade*
derechos humanos	*direitos humanos*
derechos incorporales	*direitos imateriais*
derechos innatos	*direitos inatos*
derechos matrimoniales	*direitos conjugais*
derechos personales	*direitos pessoais*
derivados	**derivados**
derivar	**derivar**
derivativa	**derivada**
derogación	**derrogação**
derrotar	**derrotar**
desacato	**desacato**
desacato a la autoridad	*desacato à autoridade*
desacato al tribunal	*desrespeito ao tribunal*
desaceleración de las ventas	**desaceleração nas vendas**
desacorde	**desacorde**
desacreditar	**desacreditar**
desacuerdo	**discordância**
desafiar	**desafiar**
desafío	**desafio**
desaforamiento	**desaforamento**
desaliento	**desincentivo**
desalojo	**despejo**

desalojo de un inquilino	*despejo de um locatário*
desalojo por una buena causa	*despejo por justa causa*
desánimo	**desânimo**
desaparecer	**desaparecer**
desaparición	**desaparecimento**
desaprobación	**desaprovação**
desarme	**desarmamento**
desarrollado	**desenvolvida**
desarrollar	**desenvolver**
desarrollo	**desenvolvimento**
desarrollo del mercado	*desenvolvimento de mercado*
desarrollo económico	*desenvolvimento econômico*
desarrollo industrial	*desenvolvimento industrial*
desasosiego	**inquietação**
desastre	**desastre**
desastre natural	*catástrofe natural*
desbloquear	**desbloquear**
desbloquear una cuenta	*desbloquear uma conta*
descalificación	**desqualificação**
descalificado	**desqualificado**
descalificar	**desqualificar**
descapitalizado	**descapitalizado**
descarga	**descarregamento**
	quitação
descargar	**descarregar**
descendiente	**descendente**
descenso	**descida**
descentralización	**descentralização**
descentralizada	**descentralizada**
descifrar	**decifrar**
descodificar	**decodificar**

desconcentración	desconcentração
desconectado	desconectado
desconfianza	desconfiança
desconocido	desconhecido
desconsideración	desconsideração
descontado	descontado
describir	descrever
descriptiva	descritiva
descubierto en cuenta corriente	**descoberto em conta corrente**
descubrimiento	descoberta
descubrir	descobrir
descuento	desconto
descuento bancario	*desconto bancário*
descuento comercial	*desconto comercial*
descuento de compensación	*desconto de compensação*
descuento de precios	*desconto no preço*
descuento de títulos	*desconto de títulos*
descuento sobre ventas	*desconto sobre as vendas*
desembolsar dinero	**desembolsar dinheiro**
desembolso	desembolso
desembolso de capital	*desembolso de capital*
desembolso de capital inicial	*desembolso de capital inicial*
desembolsos de efectivo	*desembolsos de caixa*
desempeño profesional	**desempenho profissional**
desempleado	desempregado
desempleo	desemprego
desempleo estructural	*desemprego estrutural*
desencadenar	estoirar
desengañar	desenganar
desenterrar	desenterrar
deseo	desejo

desequilibrado	desequilibrado
deserción	deserção
desestimación de la acción	demissão de ação
desestimar un recurso	descartar uma ação
desfalcar	desfalcar
desfalco	desfalque
desfavorable	desfavorável
desfigurar	desfigurar
deshacer	desfazer
desheredamiento	deserdação
desheredar	deserdar
deshonesto	desonesto
deshonrar	desonrar
deshonroso	desonroso
desidia	desídia
desierta	deserta
designación	designação
designar	designar
desigualdad	desigualdade
desintegrarse	desintegrar-se
desinterés	desinteresse
desinteresado	desinteressado
desinversión	desinvestimento
desistir	desistir
desleal	desleal
	injusto
deslealtad	deslealdade
desliz	deslize
deslizar	deslizar
desmantelamiento	desmantelamento
desmantelar	desmantelar

desmembramiento	desmembramento
desmembrar	desmembrar
desmérito	demérito
desmonetización	desmonetização
desmoralización	desmoralização
desnacionalización	desnacionalização
desnaturalización	denaturalise
desobedecer	desobedecer
desobediencia	desobediência
desobediencia civil	*desobediência civil*
desobediente	desobediente
desocupado	desocupado
desocupar	desocupar
desolación	desolação
desorden	desordem
desordenado	desordenada
desorganización	desorganização
desorganizado	desorganizado
desorganizar	desorganizar
desorientado	desorientado
despacho de aduana	despacho aduaneiro
despectivo	depreciativo
despecho	despeito
despedir	destituir
desperdicio	desperdício
despido improcedente	despedimento sem justa causa
desplazamiento	deslocamento
desplazar	deslocar
despoblado	despovoado
despojar	espoliar
desposeer	desapossar

déspota	déspota
desproporcionado	desproporcional
desprovisto de	destituído de
desterrado	pessoa banida
desterrar	banir
destierro	banimento
destinado	destinado
destinar	destinar
destinatario	destinatário
destino	destino
destino	destinação
destituir	destituir
destrucción	destruição
destruir	destruir
desunión	desunião
desuso	desuso
desventaja	desvantagem
desviación	desvio
desviación de la eficiencia	*desvio de eficiência*
desviación del precio	*desvio do preço*
~ del precio del material	*desvio do preço do material*
desviación desfavorable	*desvio desfavorável*
desviación estándar	*desvio padrão*
desviar	desviar
desvinculación	desvinculação
desvincular	desvincular
detallado	detalhado
detallar	detalhar
detalle	detalhe
detalles	detalhes
detallista	retalhista

detección	**detecção**
detectar	**detectar**
detención	**arresto**
	detenção
detención ilegal	*detenção ilegal*
detención ilegal	*prisão ilegal*
detención preventiva	*prisão preventiva*
detenido	**detido**
deteriorar	**deteriorar**
deterioro	**deterioração**
determinación	**determinação**
determinado	**determinada**
determinar	**determinar**
determinar los cambios	*determinar as alterações*
detonación	**detonação**
detrimento	**detrimento**
deuda	**dívida**
deuda a corto plazo	*dívida a curto prazo*
deuda a largo plazo	*dívida a longo prazo*
deuda amortizable	*dívida amortizável*
deuda atribuible	*dívida atribuível*
deuda bruta	*dívida bruta*
deuda conjunta	*dívida solidária*
deuda consolidada	*dívida consolidada*
deuda cualificada	*dívida qualificada*
deuda de juego	*dívida de jogo*
deuda en moneda extranjera	*dívida em moeda estrangeira*
deuda externa	*dívida externa*
deuda fundada	*dívida fundada*
deuda interior	*dívida interior*
deuda nacional	*dívida nacional*

deuda neta	*dívida líquida*
deuda perpetua	*dívida perpétua*
deuda solvente	*dívida exigível*
deudas	**dívidas**
deudas de la sociedad	*dívida da sociedade*
deudas incobrables	*contas incobráveis*
deudor	**devedor**
deudor común	*devedor comum*
deudor garantizado	*devedor garantido*
deudor principal	*devedor principal*
devaluación	**desvalorização**
devaluado	**desvalorizado**
devastación	**devastação**
devolución	**devolução**
devolución de impuestos	*reembolso de imposto*
devoluciones	**retornos**
devoluciones de ventas	*devoluções de clientes*
devuelto	**retornado**
día	**dia**
día de descanso	*dia de descanso*
día de pago	*dia de pagamento*
día de trabajo	*jornada de trabalho*
día laborable	*dia de trabalho*
día libre	*dia de folga*
diagnosticar	**diagnosticar**
diagnóstico	**diagnóstico**
diagrama	**diagrama**
dialéctico	**dialética**
diaria	**diária**
diario	**diário**
días de gracia	**dias de graça**

días naturales	*dias consecutivos*
dibujar	**desenhar**
dibujo	**desenho**
dicotomía	**dicotomia**
dicotómica	**dicotômica**
dictador	**ditador**
dictadura	**ditadura**
dictar	**ditar**
	difamação
difamación	**libelo**
difamación escandalosa	*libelo difamatório*
difamar	**difamar**
difamatorio	**difamatório**
	diferença
diferencia	**variância**
diferencia de precio	*diferença de preço*
diferenciación	**diferenciação**
diferenciación del producto	*diferenciação do produto*
diferencial	**diferencial**
diferencias	**diferenças**
diferencias a pagar	*diferenças a pagar*
diferencias de opinión	*diferenças de opinião*
diferencias salariales	*diferenças salariais*
diferente	**diferente**
diferentemente	**diferentemente**
diferido	**diferido**
dificultad	**dificuldade**
dificultades financieras	*dificuldades financeiras*
difusa	**difuso**
difusión	**difusão**
difusión del producto	*difusão do produto*

dígito	dígito
dignatario	dignitário
dignidad	dignidade
digno	digno
digno de confianza	*fidedigno*
dilapidación	dilapidação
dilapidadores	dilapidar
dilatación	dilação
dilatoria	dilatória
diligencia	diligência
diligencias	diligências
diligente	diligente
dimensión	dimensão
dimisión sumaria	demissão sumária
dimitir	demitir-se
dinámica	dinâmica
dinámica económica	*dinâmica econômica*
dinero	dinheiro
dinero a corto plazo	*fundos de curto prazo*
dinero a plazo	*dinheiro a termo*
dinero convertible	*dinheiro convertível*
dinero en circulación	*dinheiro em circulação*
dinero en depósito	*dinheiro em depósito*
dinero falso	*dinheiro falsificado*
dinero fiduciario	*dinheiro fiduciário*
diplomacia	diplomacia
diplomático	diplomático
diputado	deputado
dique	dique
dirección	direção
	endereço

dirección conyugal	*endereço conjugal*
dirección fija	*endereço fixo*
dirección legal	*endereço legal*
dirección paterna	*endereço paterno*
dirección prohibida	*endereço proibida*
dirección única	*endereço único*
directiva	**diretiva**
directo	**direto**
director	**diretor**
director administrativo	*diretor administrativo*
director comercial	*diretor comercial*
director de compras	*diretor de compras*
director financiero	*diretor financeiro*
director general	*diretor geral*
director gerente	*diretor gerente*
director técnico	*diretor técnico*
directrices	**diretrizes**
dirigente	**dirigente**
dirigente sindical	*dirigente sindical*
dirigido	**dirigida**
dirigir	**dirigir**
dirimente	**dirimente**
dirimir	**dirimir**
discapacidad	**inabilidade**
discernimiento	**discernimento**
discernir	**discernir**
disciplina	**disciplina**
disciplinario	**disciplinar**
disconformidad	**inconformismo**
discontinuo	**descontínua**
discordancia	**discordância**

discordante	discordante
discordia	discórdia
discrecional	discretional
discrepancia	discrepância
discreto	discreto
discriminación	discriminação
discriminación de precios	*discriminação do preço*
discriminar	discriminar
discurso	discurso
discusión	discussão
discutible	discutível
discutir	discutir
diseminación	disseminação
diseño	projeto
disertación	dissertação
disfrazar	disfarçar
disfrute	gozo
disidencia	dissidência
disidente	dissidente
disimulación	dissimulação
disimular	dissimular
disipar	dissipar
	declínio
disminución	diminuição
disminución de activos	*diminuição de ativo*
disminución de los precios	*declínio nos preços*
disminuir la tasa de interés	*diminuir a taxa de juros*
disolución	dissolução
disolución del matrimonio	*dissolução de matrimônio*
	debandar
disolver	dissolver

disparidad	disparidade
disparo	tiro
dispensa	dispensação
dispensa de edad	*dispensação de idade*
dispensar	dispensar
dispersión	dispersão
disperso	disperso
disponer	dispor
disponibilidad	disponibilidade
disponible	disponível
disposición	disposição
disposición derogatoria	*disposição derrogatória*
disposición final	*disposição final*
disposición general	*disposição geral*
disposición legal	*disposição legal*
disposición testamentaria	*disposição testamentária*
disposición transitoria	*disposição transitória*
disposiciones adicionales	*disposições adicionais*
disposiciones legales	*cláusulas estatutárias*
dispositiva	dispositiva
disputa	disputa
disputa violenta	*disputa violenta*
disputable	disputável
distancia	distância
distante	distante
distinción	distinção
distinta	distinta
distorsión	distorção
distorsionar	distorcer
distracción	distração
distribución	distribuição

distribución de acciones	*distribuição de ações*
distribución de dividendos	*distribuição de resultados*
distribuir	**distribuir**
distribuir acciones	*distribuir ações*
distrito	**distrito**
disuadir	**dissuadir**
divergencia	**divergência**
divergente	**divergente**
diversidad	**diversidade**
diversificación	**diversificação**
diversificación horizontal	*diversificação horizontal*
diversificación vertical	*diversificação vertical*
divertido	**divertimento**
dividendo	**dividendo**
dividendo acumulado	*dividendo acumulado*
dividendo acumulativo	*dividendo cumulativo*
dividendo adicional	*dividendo adicional*
dividendo bruto	*dividendo bruto*
dividendo extra	*dividendo extra*
dividendo fijo	*dividendo fixo*
dividendo neto	*dividendo líquido*
dividendo obligatorio	*dividendo obrigatório*
dividendo prioritario	*dividendo prioritário*
dividir	**dividir**
divisa fuerte	**moeda forte**
divisible	**divisível**
división	**divisão**
división arbitral	*divisão arbitral*
divorciado	**divorciado**
divorcio	**divórcio**
divulgación	**disseminação**

	divulgação
divulgar	**divulgar**
doble	**duplo**
doble imposición	*dupla tributação*
doble nacionalidad	*dupla nacionalidade*
doctor en medicina	**médico**
doctrina	**doutrina**
documentación	**documentação**
documentación contractual	*documentação contratual*
documentación del barco	*documentação do navio*
documental	**documental**
documentario	**documentário**
documento	**documento**
documento adjunto	*documento em anexo*
documento auténtico	*documento autêntico*
documento ilegítimo	*documento ilegítimo*
documentos	**documentos**
documentos de expedición	*documentos de expedição*
documentos de transporte	*documentos de transporte*
documentos probatorios	*documentos probatórios*
dólar	**dólar**
dolo	**dolo**
dolor	**dor**
doloroso	**doloroso**
doméstico	**doméstico**
domiciliación	**domiciliação**
domiciliación bancaria	*domiciliação bancária*
domiciliada	**domiciliada**
domiciliario	**domiciliário**
domicilio	**domicílio**
domicilio fiscal	*domicílio fiscal*

dominante	dominante
dominar	dominar
dominio público	domínio público
donación	doação
donación modal	*doação modal*
donación onerosa	*doação onerosa*
donación remunerada	*doação remuneratória*
donación universal	*doação universal*
donaciones	doações
donado	doado
donante	doador
donar	doar
donatario	donatário
dotación	dotation
dotación de personal	*alocação de pessoal*
dotar	dotar
dote	dote
droga	droga
drogadicción	drogadição
dualidad	dualidade
duda	dúvida
dudosa	duvidosa
duelo	duelo
dueño	dono
dumping	dumping
duplicación	duplicação
duplicado de la factura	fatura duplicada
duplicado del recibo	*recebimento duplicado*
duplicar	duplicar
duración	duração
duración de un préstamo	*duração de um empréstimo*

dureza

dureza

eclesiástico

Español	Portugués
eclesiástico	**eclesiástico**
economía	**economia**
economía libre	*economia livre*
economía agrícola	*economia agrícola*
economía aplicada	*economia aplicada*
economía autosuficiente	*economia auto-suficiente*
economía centralizada	*economia centralizada*
economía colectiva	*economia coletiva*
economía comercial	*economia comercial*
economía competitiva	*economia competitiva*
economía de guerra	*economia de guerra*
economía de libre empresa	*economia de livre empresa*
economía de mercado	*economia de mercado*
economía del bienestar	*economia do bem-estar*
economía descentralizada	*economia descentralizada*
economía descriptiva	*economia descritiva*
economía dirigida	*economia dirigida*
economía domestica	*economia doméstica*
economía dual	*economia dual*
economía empresarial	*economia empresarial*
economía en auge	*economia em expansão*
economía en crisis	*economia em declínio*
economía estatal	*economia estatal*
economía financiera	*economia financeira*
economía global	*economia global*
economía individual	*economia individual*
economía institucional	*economias institucionais*

economía local	*economia local*
economía monetaria	*economia monetária*
economía mundial	*economia mundial*
economía nacional	*economia nacional*
economía paralela	*economia paralela*
economía regional	*economia regional*
economía rural	*economia rural*
economía socialista	*economia socialista*
economía sumergida	*economia subterrânea*
economías internacionales	*economias internacionais*
económico	**econômico**
economista	**economista**
economizar	**economizar**
ecuación de regresión	**equação de regressão**
ecualización	**igualação**
edad	**idade**
edicto	**édito**
edificio	**edifício**
edificios de construcción	*edificações em construção*
editor	**editor**
editora	**editora**
educación	**educação**
	ensino
educado	**educado**
educar	**educar**
efectividad	**efetividade**
efectividad de la publicidad	*eficácia de publicidade*
efecto	**efeito**
efecto a corto plazo	*efeito a curto prazo*
efecto aceptado	*efeito aceito*
efecto comercial	*efeito comercial*

efecto constitutivo	*efeito constitutivo*
efecto declarativo	*efeito declaratório*
efecto del comercio	*efeito do comércio*
efecto devolutivo	*efeito devolutivo*
efecto financiero	*efeito financeiro*
efecto liberador	*efeito liberador*
efecto resolutorio	*efeito resolutivo*
efecto retroactivo	*efeito retroativo*
efecto suspensivo	*efeito suspensivo*
efecto transitorio	*efeito transitório*
eficacia	**eficácia**
eficacia económica	*eficácia econômica*
eficacia personal	*eficácia pessoal*
eficaz	**eficaz**
eficiencia	**eficiência**
eficiencia de costes	*eficiência de custos*
eficiente	**eficiente**
efusión	**efusão**
egoísmo	**egoísmo**
ejecución	**execução**
ejecución de capital	*execução de capital*
ejecución de la sentencia	*execução da sentença*
ejecución de las leyes	*execução das leis*
ejecución de las penas	*execução das sanções*
ejecución de una orden	*execução de uma ordem*
ejecutable	**executável**
ejecutado	**executado**
ejecutante	**executante**
ejecutar	**executar**
ejecutar una orden	*executar uma ordem*
ejecutivo	**executivo**

ejecutoria	executório
ejemplar	exemplar
ejemplo	exemplo
ejercer acciones judiciales	tomar medidas legais
ejercer un derecho	*exercer um direito*
ejercer una profesión	*exercitar uma profissão*
ejercicio	exercício
ejercicio de la abogacía	*exercício da advocacia*
ejército	exército
elaboración	elaboração
elaborar	elaborar
elaborar un balance	*elaborar um balanço*
elaborar un contrato	*elaborar um contrato*
elaborar un proyecto de ley	*elaborar um projeto de lei*
elasticidad	elasticidade
elasticidad de la demanda	*elasticidade da procura*
elasticidad de la oferta	*elasticidade de provisão*
elástico	elástico
elección	eleição
elección por aclamación	*eleição por aclamação*
elección por sufragio universal	*eleição por sufrágio universal*
elecciones generales	eleições gerais
elecciones municipales	*eleições municipais*
elecciones sindicales	*eleições sindicais*
electivo	eletivo
electo	eleito
electo por aclamación	*eleito por aclamação*
elector	eleitor
electorado	eleitorado
electoral	eleitoral
electrificación	eletrificação

electrificar	eletrificar
electrocución	eletrocução
elegible	elegível
elegir	escolher
elegir por aclamación	*escolher por aclamação*
elegir por mayoría	*escolher por maioria*
elegir por unanimidad	*escolher por unanimidade*
elemento	elemento
elemento activo	*elemento do ativo*
elementos del delito grave	*elementos do crime*
elevación	elevação
elevado	elevado
elevar	elevar
eliminación	eliminação
eliminado	suprimido
eliminar	eliminar
eludir	iludir
emancipación	emancipação
emancipado	emancipado
emancipar	emancipar
embajada	embaixada
embajador	embaixador
embargar por orden judicial	apreender por ordem judicial
embargo	embargo
embargos de tercero	*embargos de terceiros*
embarque	embarque
embarque de mercaderías	*embarque de mercadorias*
embolsar	embolsar
emboscada	ambuscade
embotellamiento	ponto de estrangulamento
embriaguez	embriaguez

emergencia	emergência
emigración	emigração
emigrante	emigrante
emigrar	emigrar
eminente	eminente
emisión	emissão
emisión de un fallo	*entrada de julgamento*
emisión fiduciaria	*emissão fiduciária*
emisor	emissor
emisora	emissora
emitido	emitido
emitir	emitir
emitir un cheque	*emitir um cheque*
emitir un dictamen	*emitir parecer*
emitir una póliza	*estender uma política*
emolumentos	emolumentos
empatía	empatia
empeñado	penhorado
empeorar	agravar
empezar	começar
empírico	empírico
	empregado
empleado	empregado de escritório
	escriturário
empleado bancario	*bancário*
empleado comercial	*empregado comercial*
empleado estable	*empregado estável*
empleador	empregador
emplear	empregar
empleo	emprego
empobrecer	empobrecer

emprendedor	**empreendedor**
emprender	**empreender**
	companhia
empresa	
	empresa
empresa agrícola	*empresa agrícola*
empresa asociada	*empresa associada*
empresa comercial	*empresa comercial*
empresa estatal	*empresa estatal*
empresa familiar	*corporação privada*
empresa fantasma	*empresa fantasma*
empresa fraudulenta	*empresa fraudulenta*
empresa individual	*empresa individual*
empresa intermediaria	*empresa intermediária*
empresa matriz	*companhia principal*
empresa mediana	*empresa de tamanho médio*
empresa multinacional	*empresa multinacional*
empresa nacional	*empresa nacional*
empresa pública	*empresa pública*
empresario	**empresário**
empresas públicas	**empresas públicas**
empréstito rotativo	**empréstimo rotativo**
empuñar	**empunhar**
emulación	**emulação**
en buenas condiciones	**em boas condições**
en consideración para	**em consideração para**
en cumplimiento de	**em cumprimento**
en descubierto	**descoberto**
en nombre de	**em nome de**
en última instancia	**em última instância**
en una fecha fija	**em uma data fixa**
en virtud de	**por motivo de**

enajenación de activos	**alienação de ativos**
	arrematação de bens
enajenación de bienes	*alienação de bens*
enajenación de propiedades	*alienação de propriedade*
enajenación mental	*alienação mental*
enajenar	**alienar**
encarcelamiento	**pena de reclusão**
encomiendas	**entregáveis**
encontrar	**encontrar**
encuadramiento	**enquadramento**
encubridor	**acessório após o fato**
encubrimiento	**encobrimento**
encuesta de actitud	**encuesta de atitude**
endeudado	**endividado**
endeudamiento	**endividamento**
endogamia	**endogamia**
endosable	**endossável**
endosado	**endossado**
endosante	**endossante**
endosar	**endossar**
endosatario	**endossatário**
endoso	**endosso**
endoso condicional	*endosso condicional*
endoso de favor	*endosso de acomodação*
endoso en blanco	*endosso em branco*
endoso incondicional	*endosso completo*
endoso irregular	*endosso irregular*
endoso nominativo	*endosso restritivo*
endoso nulo	*endosso nulo*
enemigo	**inimigo**
enemistad	**inimizade**

energía	energia
enervar	enervar
énfasis	ênfase
enfático	enfático
enfermedad	doença
engañado	enganado
engañar	enganar
engaño	engano
engaño contingente	*engano contingente*
engaño incidental	*engano incidental*
engaño penal	*decepção penal*
engendrar	engendrar
englobar	englobar
engranaje	engrenagem
enjuiciamiento	*ação penal*
enjuiciamiento	acção penal
enlace	ligação
	vínculo
enmendar	emendar
enmienda	emenda
enraizamiento	enraizamento
enriquecimiento	enriquecimento
enriquecimiento ilícito	*enriquecimento ilícito*
ensacar	ensacar
ensayo	julgamento
enseñar	ensinar
entender	entender
enteramente	inteiramente
entidad	entidade
entidad legal	*entidade legal*
entidad sin ánimo de lucro	*entidade sem fins lucrativos*

entidades benéficas	*associações assistenciais*
entierro	**cortejo fúnebre**
	enterro
entrada	**entrada**
entrada de capitales	*capital ingressado*
entrada de datos	*entrada de dados*
entrada del diario	*entrada de diário*
entrada en vigor	*entrada em vigor*
entrada en el libro	*entrada do livro*
entradas	**inputs**
entradas de divisas	*entrada de divisas*
entrar en vigor	**produzir efeito**
entredicho	**interdito**
entrega	**entrega**
entrega contra aceptación	*entrega contra a aceitação*
entrega contra pago	*entrega contra pagamento*
entrega de fondos	*entrega de fundos*
entrega futura	*entrega futura*
entrega inmediata	*entrega imediata*
entrega rápida	*entrega rápida*
entregar	**entregar**
entregar una factura	*entregar uma factura*
entrenamiento	**adestramento**
	treinamento
entrenamiento básico	*treinamento básico*
entretenimiento	**entretenimento**
entrevista	**entrevista**
entrevista de selección	*entrevista de seleção*
entrometerse	**intrometer**
enumeración	**enumeração**
enumerar	**enumerar**

enunciativa	enunciativa
envenenar	envenenar
enviar	enviar
envío de muestras	envio de amostras
epígrafe	epígrafe
época	época
equidad	equidade
equilibrio	equilíbrio
equilibrio del mercado	*equilíbrio de mercado*
equilibrio económico	*equilíbrio econômico*
equipaje	bagagem
equipar	equipar
equipo	equipamento
equipo de apoyo	*pessoal de apoio*
equitativamente	equitativamente
equitativo	equitativo
equivalencia	equivalência
equivocar	equivocar
equivocación	equivocação
equívoco	equívoco
era	era
erosión	erosão
erradicación	erradicação
erradicar	erradicar
errata	errata
erróneo	errôneo
error	erro
error absoluto	*erro absoluto*
error aleatorio	*erro aleatório*
error de contabilidad	*erro de contabilidade*
error de copia	*erro de cópia*

error de observación	*erro de observação*
error probable	*erro provável*
error residual	*erro residual*
erudito	**erudita**
escala	**escala**
escala de valores	*escala de valores mobiliários*
escala salarial	*escala salarial*
escala social	*escala social*
escalas salariales	*escalas salariais*
escandalizar	**escandalizar**
escándalo	**escândalo**
escandaloso	**escandaloso**
escapar	**escapar**
escarnio	**simulacro**
escasez	**escassez**
escasez de bienes	*escassez de bens*
escasez de capital	*escassez de capital*
escasez de dinero	*escassez de dinheiro*
escasez de divisas	*escassez de divisas*
escasez de liquidez	*escassez de liquidez*
escasez de vivienda	*déficit habitacional*
esclavitud	**escravidão**
esclavizar	**escravizar**
esclavo	**escravo**
escondite	**esconderijo**
escribir	**escrever**
escrito de contestación	**declaração da defesa**
escritura	**escrito**
	escritura
escritura de compra y venta	*escritura de compra e venda*
escritura de constitución	*escritura de constituição*

escritura de la sociedad	*escritura de sociedade*
escrutinio	escrutínio
escuchas telefónicas	escuta telefônica
esencial	essencial
esencialmente	materialidade
esfera	esfera
esfuerzo	esforço
eslogan	slogan
espacio	espaço
espacio aéreo	*espaço aéreo*
espacio vital	*espaço vital*
especial	especial
especialidad	especialidade
especialista	especialista
especialización	especialização
especializarse en	especializar-se em
especificación	especificação
especificaciones	especificações
especificar	especificar
específico	específico
espectral	espectral
espectro	espectro
especulación	especulação
especulador	especulador
especulador a la baja	*especulador da baixa*
especulador al alza	*especulador na alta*
especulador de mercado	*especulador de mercado*
especular	especular
especulativo	especulativo
espejismo	ilusão
esperado	esperado

esperanza	esperança
esperar	esperar
espesor	espessura
espía	espiã
espionaje	espionagem
espionaje comercial	*espionagem comercial*
espoliador	espoliador
espoliar	espoliar
espontáneo	espontâneo
esposa	esposa
esquemático	esquemático
esquirol	esquirol
estabilidad	estabilidade
estabilidad económica	*estabilidade econômica*
estabilidad monetaria	*estabilidade monetária*
estabilización	estabilização
estabilización de precios	*estabilização de preços*
estabilizado	estabilizado
estabilizador	estabilizador
estabilizar una moneda	estabilizar uma moeda
estable	estável
	estabelecer
establecer	restaurar
establecer un impuesto	*estabelecer um imposto*
establecido	estabelecido
establecimiento	estabelecimento
estación	estação
estación de destino	*estação de destino*
estación de llegada	*estação de chegada*
estacionar	estacionar
estadía	sobreestadia

estadista	estadista
estadística	estatística
estadística del personal	*estatística de pessoal*
estadística demográfica	*estatística demográfica*
estadísticas de precios	*estatísticas de preços*
estadísticas de ventas	*estatísticas de vendas*
estado	estado
estado civil	*estado civil*
estado de alarma	*estado de alarme*
estado de cuenta	*estado de conta*
estado de derecho	*estado de direito*
estado de emergencia	*estado de emergência*
estado de guerra	*estado de guerra*
estado de necesidad	*estado de necesidade*
estado de sitio	*estado de sítio*
estado mayor del ejército	*estado maior do exército*
estafador	trapaceiro
estancado	estagnado
estancamiento	estagnação
estándar	padrão
estandarización	padronização
estandarizar	padronizar
estanflación	estagflação
estar de acuerdo	estar de acordo
estático	estático
estatutariamente	estatutariamente
estatutario	estatutário
estatuto	estatuto
estatutos del condominio	*convenção de condomínio*
estelionato	estelionato
esterilidad	esterilidade

esterilización	esterilização
estiba	estiva
estibador	estivador
estibar	estivar
estilo	estilo
estimable	estimável
estimación	estimativa
estimación de costos	*estimação de custos*
	estimativa de custos
estimado	estimado
estimular	estimular
estímulo	estímulo
	incitamento
estipulación	estipulação
estipular	estipular
estrangulamiento	estrangulação
estratagema	estratagema
estrategia	estratégia
estrategia genérica	*estratégia genérica*
estratégico	estratégico
estratificar	estratificar
estrechar	estreitar
estrechez	estreiteza
estrecho	estreito
estricta	rigorosa
estrictamente confidencial	altamente confidencial
estricto	estrito
estropeado	danificado
estructura	estrutura
estructura de capital	*estrutura de capital*
estructura salarial	*estrutura salarial*

estructural	**estrutural**
estructurar	**estruturar**
estudiado	**estudado**
estudiar	**estudar**
estudio	**estudo**
estudio de factibilidad	*estudo de viabilidade*
estudio de mercado	*estudo de mercado*
estudio del caso	*estudo de caso*
estudio del producto	*estudo do produto*
estudioso	**estudioso**
estupro	**estupro**
etapa	**etapa**
etapa probatoria	*fase probatória*
ética	**ética**
ética corporativa	*ética empresarial*
ética de la comercialización	*ética do marketing*
etiqueta	**etiqueta**
etiquetar	**etiquetar**
eufemismo	**eufemismo**
eurobonos	**eurobonds**
eurocheque	**eurocheque**
eurodivisas	**eurodivisas**
eurodólares	**eurodólares**
europeo	**europeu**
eutanasia	**eutanásia**
evacuación	**evacuação**
evacuar	**evacuar**
evadir	**evadir**
evaluación	**avaliação**
evaluación de la inversión	*avaliação de investimentos*
evaluación de los costos	*custos de avaliação*

evaluar	avaliar
evaporar	evapore-se
evasión	evasão
evasión de impuestos	*evasão fiscal*
	sonegação fiscal
evasión de prisioneros	*evasão de prisioneiros*
evento	evento
	esporádico
eventual	eventual
evidencia	evidência
evidencia casual	*evidência casual*
evidencia negativa	*evidência negativa*
evidencia primaria	*evidência primária*
evidencia real	*evidência real*
evidencia sólida	*prova concreta*
evidencias circunstanciales	*provas circunstanciais*
evidencias documentadas	*provas documentais*
evidente	evidente
evitable	evitável
evitación	evitação
evitar	evitar
evolución	evolução
evolucionar	fazer progressos
evolutivo	evolutivo
ex litigante	ex-litigante
ex presidiario	ex-presidiário
exactamente	exatamente
exacto	exato
exagerar	exagerar
exaltar	exaltar
examen	exame

examen directo	*exame direto*
examen médico	*exame médico*
examen preliminar	*exame preliminar*
examinar	**examinar**
examinar las pruebas	*examinar as provas*
excedencia	**excedencia**
exceder	**exceder**
exceder el plazo	*exceder o prazo*
excelente	**excelente**
excepción	**exceção**
excepción de nulidad	*exceção de nulidade*
excepción de prescripción	*exceção de prescrição*
excepción declarativa	*exceção declaratória*
excepción dilatoria	*exceção dilatória*
excepción perentoria	*exceção peremptória*
exceptio in rem	**exceptio em rem**
excepto	**exceto**
exceptuar	**exceto para**
excesivo	**excessivo**
exceso	**excesso**
exceso de demanda	*demanda excessiva*
exceso de ganancias	*lucro excessivo*
excitación	**excitação**
excluidos	**excluído**
excluir	**excluir**
exclusión	**exclusão**
	impedimento
exclusivamente	**exclusivamente**
exclusivo	**exclusivo**
	privativo
exculpar	**desculpar**

excusa	desculpa
excusa absolutoria	*desculpa absoluta*
excusable	desculpável
excusión	excussion
exención	isenção
exequátur	exequatur
exhaustivamente	extensivamente em
exhaustivo	exaustivo
exhortación	exortação
exhortos	cartas rogatórias
exhumación	exumação
exhumar	exumar
exigencia	exigência
exigencia formal	*exigência formal*
exigente	exigente
exigible	exigível
exigir	exigir
exigir el pago	*exigir o pagamento*
exiliado	exilado
eximir	eximir
existencia	existência
existente	existente
	subsistente
éxito	sucesso
éxodo	êxodo
exoneración	exoneração
exonerar	exonerar
exordio	exórdio
expansión	expansão
expansivo	expansivo
expatriación	expatriação

expectante	expectante
expectativa	expectativa
expedidor	expedidor
expediente	arquivo
expediente del caso	*autos*
expedir	expedir
experiencia	experiência
experimental	experimental
experto	conhecedor
experto	especialista
experto	especializado
experto en tasación	*especialista em avaliação*
expiar	expiate
expiración	expiração
expiración del contrato	*vencimento do contrato*
explicación	explicação
explicado	explicado
explicar	explicar
explícito	explícito
exploración	exploração
explorar	explorar
explosión	explosão
expoliación	espoliação
exportación	exportação
exportación de mercaderías	*exportação de mercadorias*
exportación temporal	*exportação temporária*
exportaciones de capital	*exportações de capital*
exportador	exportador
exposición	exposição
expositor	expositor
expresada	expresso

expresar	expressar
expresión	expressão
expresividad	expressividade
expropiación	desapropriação
	expropriação
expropiación forzosa	*expropriação obrigatória*
expropiación parcial	*expropriação parcial*
expropiador	expropriante
expropiar	expropriar
expulsión	expulsão
exquisito	exquisite
extender el crédito	estender o crédito
extender la validez	*prorrogar a validade*
extender un documento	*estender um documento*
extender un punto	*estender um período de*
extenderse	estender
extendido	estendido
extensible	extensível
	extensão
extensión	prolongamento
	prorrogação
extenso	extenso
exterior	exterior
externo	externo
extinción	extinção
extinguir	extinguir
extinto	extinto
extirpar	extirpar
extorno	estorno
extorsión	extorsão
extra	extra

extracto	**extrato**
extracto bancario	*extrato bancário*
	extrato do banco
extracto de cuenta	*extrato de conta*
extracto de presos	*extrato de prisioneiros*
extradición	**extradição**
extraer	**extrair**
extrajudicial	**extrajudicial**
extrajudicialmente	**extrajudicialmente**
extranjero	**estrangeiro**
extrañamente	**estranhamente**
extraordinario	**extraordinário**
extremismo	**extremismo**
extremista	**extremista**
extremo	**extremo**

fabrica

Español	Portugués
fabrica	fabrica
fabricado	fabricado
fabricante	fabricante
fabricar	fabricar
facción	facção
faccioso	faccioso
facial	facial
fácil	fácil
facilidad	facilidade
facilidades de pago	*facilidades de pagamento*
facilitar	facilitar
	permitir
factibilidad	viabilidade
factores cualitativos	*fatores qualitativos*
factoring	factoring
factura	fatura
factura proforma	*fatura pro forma*
factura comercial	*fatura comercial*
factura consular	*fatura consular*
factura de compra	*fatura de compra*
factura de honorarios	*fatura de honorários*
factura de venta	*fatura de venda*
factura final	*factura final*
factura original	*fatura original*
factura por cuadruplicado	*fatura em quadruplicado*
factura por duplicado	*fatura em duplicado*
factura por pagar	*fatura pagável*

facturación	**facturação** **faturamento**
facturación mensual	*faturamentos mensais*
facturado	**faturado**
facturar	**faturar**
facultad	**faculdade**
Facultad De Derecho	*Faculdade de Direito*
falacia	**falácia**
falaz	**falaz**
falsa	**falsa**
falsa acusación	*acusação falsa*
falsa demanda	*causa falsa*
falsedad	**falsidade**
falsificación	**contrafacção** **falsificação**
falsificación de la firma	*falsificação de assinatura*
falsificación de pruebas	*fabricação de provas*
falsificación de un documento	*falsificação de um documento*
falsificador	**falsificador**
falsificar	**falsificar**
falso	**falso**
falso testimonio	**falsa testemunha**
falta	**falta**
falta de aceptación	*falta de aceitação*
falta de acuerdo	*ausência de acordo*
falta de capacidad jurídica	*falta de capacidade legal*
falta de comparecencia	*falta de aparência*
falta de consentimiento	*falta de consentimento*
falta de declaración	*falta de declaração*
falta de dinero	*falta de dinheiro*
falta de edad	*falta de idade*

falta de evidencia	*falta de evidência*
falta de informe	*falta de relatório*
falta de liquidez	*iliquidez*
falta de moral	*inescrupulosidade*
falta de pago	*falta de pagamento*
falta de peso	*defeito de peso*
falta de provisión	*falta de provisão*
falta de respeto	*desrespeito*
falta disciplinaria	*falta disciplinar*
falta grave	*falta grave*
falta inexcusable	*falta indesculpável*
falta por omisión	*falta por omissão*
faltar	**faltar**
faltar a su palabra	*quebrar a palavra dada*
fallar	**falhar** / **falir**
fallecido	**falecido**
familia	**família**
familiar	**familiar**
fascismo	**fascismo**
fase	**fase**
fase de instrucción	*fase de instrução*
fase operativa	*fase decisória*
fatal	**fatal**
fatalidad	**fatalidade**
favor	**favor**
favorable	**favorável**
favorecer	**favorecer**
favorecido	**favorecido**
favoritismo	**favoritismo**
fe	**fé**

fe conyugal	*fé conjugal*
fe de vida	*fé de vida*
fe notarial	*fé notarial*
fe pública	*fé pública*
fecundación	**fecundação**
fecundidad	**fecundidade**
fecha	**data**
fecha de aceptación	*data de aceitação*
fecha de adquisición	*data de aquisição*
fecha de carga	*data de carregamento*
fecha de cierre	*data de encerramento*
fecha de entrega	*data de entrega*
fecha de envío	*data de expedição*
fecha de inicio	*data inicial*
fecha de la factura	*data da factura*
fecha de liquidación	*data de liquidação*
fecha de pago inicial	*início do pagamento*
fecha de partida	*data de partida*
fecha de producción	*data de produção*
fecha de referencia	*data de referência*
fecha de rescate	*data de redenção*
fecha de valided	*data de validade*
fecha de vencimiento	*data de maturidade*
fecha de vencimiento	*data de vencimento*
fecha de vigencia	*data de vigência*
fecha del pago	*data de pagamento*
fecha posterior	*pós-datado*
fecha tope	*data-limite*
	prazo final
fechar	**datar**
federación	**federação**

federal	federal
federalismo	federalismo
femenino	feminino
feminismo	feminismo
feria	feira
feriado	férias
ferrocarril	ferroviária
fertilidad	fertilidade
feto	feto
feudal	feudal
feudalismo	feudalismo
fiador	fiador
fiador solidario	*fiador solidário*
fianza	fiança
fianza común	*fiança comum*
fianza de licitación	*bid bond*
fianza judicial	*vínculo judicial*
fianza solidaria	*depósito solidário*
ficción	ficção
ficción de la ley	*ficção de direito*
ficticio	fictícia
fideicomisario	fideicomissário
fideicomiso	fideicomisso
fideicomitente	fideicomitente
fidelidad	fidelidade
fidelidad conyugal	*fidelidade conjugal*
fiduciario	fiduciário
fiel	fiel
fiesta	feriado
figura	figura
figura jurídica	*figura jurídica*

figuras delictivas	*figuras criminais*
fijación	**fixação**
fijación de precios	*fixação de preços*
fijar	**fixar**
fijar el lugar de residencia	*fixar a residência*
fijar un día	*fixar um dia*
fijar un plazo	*fixar um prazo*
fijar un tipo	*fixar uma taxa*
fijo	**fixo**
filiación	**filiação**
filiación adoptiva	*filiação adotiva*
filiación incestuosa	*filiação incestuosa*
filiación natural	*filiação natural*
filial	**companhia afiliada**
filial	**filial**
filtración	**filtração**
filtrar	**filtrar**
filtro	**filtro**
final	**final**
finalidad	**finalidade**
financiación	**financiamento**
financiación a corto plazo	*financiamento a curto prazo*
financiación a largo plazo	*financiamento a longo prazo*
financiación de exportaciones	*financiamento à exportação*
financiamiento a plazo	**financiamento a prazo**
financiamiento externo	*financiamento externo*
financiero	**financeiro**
finanzas	**finanças**
finca rústica	**propriedade rústica**
fingido	**simulação**
fingir	**fingir**

firma	**assinatura**
firma autorizada	*assinatura autorizada*
firma conjunta	*assinatura conjunta*
firma correcta	*assinatura correta*
firma en blanco	*assinatura em branca*
firmar en blanco	**assinar em branco**
firmeza	**firmeza**
fiscal	**fiscal**
física	**física**
fisiocracia	**fisiocracia**
fisiócrata	**fisiocrata**
flagrancia	**flagrante**
flagrante	**flagrante**
flanco	**flanco**
fletamento	**fretamento**
fletamento del buque	*fretamento do navio*
flete	**frete**
flete aéreo	*frete aéreo*
flete marítimo	*frete marítimo*
flete pagado	*frete pago*
flete pre pagado	*frete pré-pago*
fletes por pagar	*fretes a pagar*
flexibilidad	**flexibilidade**
flexible	**flexível**
flota	**frota**
flota pesquera	*frota de pesca*
flotación	**flotação**
flotante	**flutuante**
fluctuación	**flutuação**
fluctuación de los precios	*flutuação de preços*
fluctuación del mercado	*flutuação de mercado*

fluctuación ventas	*flutuação de vendas*
fluctuante	**flutuantes**
fluctuar	**flutuar**
flujo	**fluxo**
flujo de caja	*fluxo de caixa*
flujo de caja descontado	*fluxo de caixa descontado*
flujo de efectivo incremental	*fluxo de caixa incremental*
flujo de pagos	*fluxo de pagamentos*
flujos de caja nominales	*fluxos de caixa nominais*
fluvial	**fluvial**
folleto	**brochura**
	folheto
folleto publicitario	*folheto de propaganda*
fomento	**promoção**
fondo	**fundo**
fondo consolidado	*fundo consolidado*
fondo de amortización	*fundo de amortização*
fondo de comercio	*fundo de comércio*
fondo de compensación	*fundo de compensação*
fondo de garantía	*fundo de garantia*
fondo de reserva	*fundo de reserva*
Fondo monetario Internacional	Fundo monetário internacional
fondos a largo plazo	*fundos a longo prazo*
fondos de inversión	*fundos de investimento*
fondos insuficientes	*fundos insuficientes*
fondos públicos	*recursos públicos*
forense	**forense**
forma	**forma**
forma de pago	*método de pagamento*
formación	**formação**
formación de capital	*formação de capital*

formación de especialistas	*formação especializada*
formación de piquetes	*formação de piquetes*
formación profesional	*formação profissional*
formal	**formal**
formalidad	**formalidade**
formalidad procesal	*formalidade de procedimento*
formalismo	**formalismo**
formalización	**formalização**
formalizar	**formalizar**
formalmente	**formalmente**
formato	**formato**
fórmula	**fórmula**
formulación	**afirmação**
formular	**formular**
formular una queja	*formular uma denúncia*
formulario	**formulário**
formulismo	**formulismo**
fornicación	**fornicação**
foro	**fórum**
foro competente	*fórum competente*
foro incompetente	*fórum incompetente*
fortalecer	**fortalecer**
fortificar	**fortificar**
fortuitamente	**fortuitamente**
fortuito	**fortuito**
fortuna	**fortuna**
forzado	**forçado**
fotocopia	**fotocopia**
fotocopiadoras	**fotocopiadora**
fracasado	**falhou**
fracaso	**falha**

fracción	fração
fraccionamiento	fracionamento
fraccionario	fracionário
fractura	fratura
frágil	frágil
fragmentaria	fragmentária
fragmento	fragmento
franco a bordo *(FOB)*	free on board *(FOB)*
franqueo	correio
franqueza	fraqueza
franquicia	franchise
fraternizar	confraternizar
fratricidio	fratricida
fraude	fraude
fraude fiscal	*fraude fiscal*
fraudulenta	fraudulenta
frecuencia	frequência
frecuente	freqüente
freno	freio
frente	frente
fricción	fricção
frontera	fronteira
fructífero	frutífera
frugal	frugal
frugalidad	frugalidade
frustración	frustração
frustrado	frustrado
fuego	fogo
fuentes	fontes
fuentes de suministro	*fontes de abastecimento*
fuerte	forte

fuertemente	fortemente
fuerza	força
fuerza de ley	*força de lei*
fuerza material	*força material*
fuerza mayor	*força maior*
fuerza moral	*força moral*
fuerza policial	*corpo policial*
fuerza probatoria	*força probatório*
fuerzas armadas	**forças armadas**
fuga de capitales	*fuga de capitais*
fugarse	**fuga**
fugaz	**fugaz**
fugitivo	**fugitivo**
función	**função**
función de costes	*função de custos*
función objetiva	*função objetiva*
funcional	**funcional**
funcionario	**funcionário**
funcionario público	*funcionário público*
funciones públicas	**funções públicas**
fundación	**fundação**
fundación relacionada	*fundação relacionada*
fundada	**fundada**
fundado	**substanciado**
fundador	**fundador**
fundadores	**fundadores**
fundamental	**fundamental**
fundamento	**fundamentos**
fundamentos de derecho	*fundamentos jurídicos*
funeral	**funeral**
funerales	**funerais**

funesto	**funesto**
fungible	**fungível**
furia	**fúria**
furioso	**furioso**
furtivamente	**furtivamente**
furtivo	**furtivo**
fusión	**fusão**
futuro	**futuro**
futuros de materias primas	*commodities a futuro*

gama

Español	Portugués
gama	**gama**
gama de muestras	*gama de amostras*
gama de productos	*gama de produtos*
ganador	**vencedor**
ganancia	**ganho**
ganancia acumulada	*lucro acumulado*
ganancia anormal	*ganho anormal*
ganancia de actividad	*lucro de atividade*
ganancia diferencial	*lucro diferencial*
gananciales de bienes	**gananciales de bens**
	ganhos
ganancias	**lucros**
ganancias acumuladas	*lucros acumulados*
ganancias netas	*lucros líquidos*
ganancias sobre el capital	*ganhos de capital*
ganar dinero	**ganhar dinheiro**
ganar tiempo	*ganhar tempo*
	compromitente
garante	**garante**
garante judicial	*fiador judicial*
garantía	**garantia**
garantía absoluta	*garantia absoluta*
garantía asegurada	*garantia real*
garantía bancaria	*garantia bancária*
garantía del producto	*garantia do produto*
garantía en efectivo	*garantia em dinheiro*
garantía hipotecaria	*garantia hipotecária*

garantía parcial	*garantia parcial*
garantía personal	*garantia pessoal*
garantía procesal	*garantia processual*
garantizado	**garantido**
gasto	**despesa**
gasto corriente	*despesa atual*
gasto nacional bruto	*despesa nacional bruta*
gastos	**despesas**
gastos capitalizados	*despesas capitalizadas*
gastos comprometidos	*custos comprometidos*
gastos de almacenamiento	*gastos de armazenamento*
gastos de custodia	*gastos de custódia*
gastos de envío	*custos de transporte*
gastos de explotación	*custo operacional*
gastos de mano de obra	*gastos de força de trabalho*
gastos de negocio	*despesas comerciais*
gastos de personal	*gastos de pessoal*
gastos de promoción	*gastos de promoção*
gastos de representación	*despesas de representação*
gastos de restitución	*despesas de restituição*
gastos de seguro	*custos de seguro*
gastos deducibles	*cargas dedutíveis*
gastos discrecionales	*despesas discricionárias*
gastos diversos	*despesas diversas*
gastos en moneda extranjera	*despesas em moeda estrangeira*
gastos financieros	*despesas financeiras*
gastos generales	*despesas gerais*
gastos indirectos	*despesas indiretas*
gastos judiciales	*despesas judiciais*
gastos normales	*custeio normal*
generación	**geração**

general	geral
generalmente	geralmente
generoso	generoso
genocidio	genocídio
gerencia	gerência
gerente	gerente
gerente comercial	*gerente comercial*
gerente de banco	*gerente de banco*
gerente de oficina	*gerente de escritório*
gerente de ventas	*chefe de vendas*
gerente delegado	*gerente delegado*
gerente financiero	*gerente financeiro*
gestión	gestão
gestión de costes	*gestão de custos*
gestión de la empresa	*gestão da empresa*
gestión de personal	*gestão de pessoal*
gestión de ventas	*administração de vendas*
gestión del inventario	*gestão de inventário*
gestión empresarial	*gestão empresarial*
gestión financiera	*gestão financeira*
gestión inmobiliaria	*gestão imobiliária*
gestionar	gerenciar
gestionar una cartera	*administrar um portfólio*
giro postal	transferência postal
global	global
globalmente	globalmente
gobernador	governador
gobernar un país	governar um país
gobierno	governo
gobierno civil	*governo civil*
gobierno federal	*governo federal*

golpe	**golpe**
golpe de estado	*golpe de Estado*
grabable	**gravável**
gracia	**graça**
gradación	**gradação**
grado	**grau**
grado de parentesco	*grau de parentesco*
gradual	**gradual**
grafología	**grafologia**
grafólogo	**especialista em caligrafia**
grande	**grande**
granja	**fazenda**
gratificación	**gratificação**
gratificar	**gratificar**
gratis	**grátis**
gratitud	**gratidão**
gratuita	**gratuita**
gratuitamente	**gratuitamente**
gratuito	**gratuito**
grilletes	**grilhões**
grueso	**grosso**
grupo	**grupo**
grupos de trabajo	*grupos de trabalho*
guardia civil	**guarda civil**
gubernamental	**governamental**
guerra	**guerra**
guerra civil	*guerra civil*
guerra de precios	*guerra de preços*
guerra fría	*guerra fria*
guerra mundial	*guerra mundial*
guía	**guia**

guía de embarque   *carta de porte*

habeas corpus

Español	Portugués
habeas corpus	habeas corpus
hábil	hábil
habilidad	habilidade
	perícia
habitable	habitável
habitación	habitação
habitante	habitante
habitante de derecho	*habitante de direito*
habitar	habitar
hábito	hábito
habitual	habitual
habitualmente	habitualmente
hablar	converse
	falar
hacer	fazer
hacer causa común	*fazer causa comum*
hacer contrabando	*fazer contrabando*
hacer cumplir una ley	*fazer cumprir uma lei*
hacer donación de	*fazer doação de*
hacer extensiva	*fazer extensiva*
hacer presupuesto	*fazer orçamento*
hacer un recibo	*estender um recibo*
hacer un trato	*realizar um acordo*
hacer una factura	*estender uma fatura*
hacer una oferta	*submeter uma oferta*
hambre	fome
hecho	fato

hecho concluyente	*fato conclusivo*
hecho consumado	*fato consumado*
hecho de guerra	*fato guerra*
hecho imprevisto	*fato anômalo*
hecho incierto	*fato incerto*
hecho punible	*acto punível*
hecho relevante	*fato relevante*
heredar	**herdar**
heredero	**herdeiro**
heredero en línea directa	*herdeiro em linha direta*
heredero expectante	*herdeiro expectante*
heredero necesario	*herdeiro forçado*
heredero póstumo	*herdeiro póstumo*
heredero putativo	*herdeiro putativo*
heredero singular	*herdeiro singular*
heredero testamentario	*herdeiro testamentário*
heredero usufructuario	*herdeiro usufrutuário*
hereditaria	**hereditária**
herencia	**herança**
herida	**ferida**
herido de muerte	*prejudicado de morte*
herir	**ferir**
hermana	**irmã**
hermano	**irmão**
hermano adoptivo	*irmão adotivo*
hermano de sangre	*irmão de sangue*
hermano legítimo	*irmão legítimo*
hermano natural	*irmão natural*
hermoso	**belo**
heterodoxia	**heterodoxia**
higiene	**higiene**

hijo	**filho**
hijo a su cargo	*filho dependente*
hijo adoptivo	*filho adotivo*
hijo emancipado	*filho emancipado*
hijo ilegitimo	*criança ilegítima*
hijo legítimo	*filho legítimo*
hijo menor de edad	*filho menor*
hijo natural	*filho natural*
hijo póstumo	*filho póstumo*
hijo prematuro	*filho prematuro*
hijo putativo	*filho putativo*
hijo reconocido	*filho reconhecido*
hijo único	*filho único*
hiperinflación	**hiperinflação**
hipermercado	**hipermercado**
hipoteca	**hipoteca**
hipoteca amortizable	*hipoteca amortizável*
hipoteca consolidada	*hipoteca consolidada*
hipoteca garantizada	*hipoteca garantida*
hipoteca mobiliaria	*alienação fiduciária em garantia*
hipotecable	**hipotecável**
hipotecado	**hipotecado**
hipotecar	**hipotecar**
hipótesis	**hipótese**
hipotético	**hipotético**
historia	**história**
histórico	**histórico**
hoja	**folha**
hoja de balance	*balancete*
hoja de costos de empleo	*ficha de custo de trabalho*
hoja informativa	*boletim informativo*

holding	**holding**
holografía	**holografia**
hombre	**homem**
hombre de leyes	*homem de leis*
hombre de paja	*homem de palha*
homicida	**homicida**
homicidio	**homicidio**
homicidio excusable	*homicídio involuntário*
homicidio intencional	*assassinato premeditado*
	homicídio intencional
homicidio involuntario	*homicídio culposo*
homicidio por imprudencia	*homicídio por imprudência*
homicidio voluntario	*homicídio doloso*
homogeneidad	**homogeneidade**
homogéneo	**homogêneo**
homologación	**homologação**
homologar	**homologar**
homosexual	**homossexual**
honestidad	**honestidade**
honesto	**honesto**
honor	**honra**
honorable	**honrosa**
honorario	**honorário**
honorarios	**honorários**
honras fúnebres	*honras fúnebres*
hora	**hora**
hora extra	*hora extra*
horario comercial	**horário comercial**
horas	**horas**
horas de trabajo	*horário de trabalho*
horas estándar	*horas padrão*

horas estándar producidas	*horas padrão produzidas*
horas laborales	*horas de trabalho*
horizontal	**horizontal**
hospedar	**hospedar**
hospitalización	**hospitalização**
hospitalizar	**hospitalizar**
hostil	**hostil**
hostilidad	**hostilidade**
hostilidades	**hostilidades**
huelga	**greve**
huelga de brazos caídos	*greve de braços caídos*
huelga de hambre	*greve de fome*
huelga general	*greve geral*
huelguista	**grevista**
huérfano	**órfão**
huésped	**hóspede**
humanidad	**humanidade**
humanitario	**humanitária**
humana	**humana**
hurto	**furto**

idea

Español	Portugués
idea	idéia
ideal	ideal
idealismo	idealismo
ideas originales	idéias originais
identificación	identificação
identificación de un cadáver	*identificação de um cadáver*
identificado	identificado
identificador corporativo	identificador corporativo
identificar	identificar
ideología	ideologia
idioma	idioma
iglesia	igreja
ignominia	infâmia
ignorancia	ignorância
ignorancia inexcusable	*ignorância indesculpável*
ignorar	ignorar
igual	igual
igualdad	igualdade
igualdad civil	*igualdade civil*
igualdad política	*igualdade política*
ilegal	ilegal
ilegalidad	ilegalidade
ilegalmente	ilegalmente
ilegible	ilegível
ilegitimidad	ilegitimidade
ilegítimo	ilegítimo
ileso	ileso

ilícito	ilícito
ilimitado	ilimitado
ilusorio	ilusório
ilustración	ilustração
ilustrar	ilustrar
imagen	imagem
imbecilidad	imbecilidade
imitación	imitação
imitar	imitar
impacto	impacto
impagar	impagar
imparcial	imparcial
impecable	impecável
impedimento	impedimento
impedimento absoluto	*impedimento absoluto*
impedimentos matrimoniales	*impedimentos matrimoniais*
impedir	impedir
imperativo	imperativo
imperativo legal	*imperativo legal*
imperdonable	imperdoável
imperecedero	imperecível
imperfección	imperfeição
imperfecto	imperfeito
imperialismo	imperialismo
impericia	imperícia
imperio	império
impermeable	impermeável
impertinente	impertinente
impetuoso	impetuoso
implacable	implacável
implementación	implementação

implicación	implicação
implicado	implicado
implícito	implícito
implorar	implorar
	suplicar
importación	importação
importación temporal	*importação temporária*
importador	importador
importancia	importância
importante	importante
importar	importar
importe neto	quantia líquida
imposibilidad	impossibilidade
imposible	impossível
impotencia	impotência
impotente	impotente
impremeditado	impremeditado
impresionante	impressionante
imprevisible	imprévisible
imprevisto	imprevisto
improbable	improvável
improductivo	improdutivo
impropio	indevido
improvisación	improvisação
improvisado	improvisado
improvisar	improvisar
imprudencia	imprudência
imprudente	imprudente
impúber	impúbere
impúdico	impudico
impuesto	imposto

impuesto al consumo	imposto sobre o consumo
impuesto de bienes inmuebles	imposto imobiliário
impuesto de exportación	imposto de exportação
impuesto de la renta	imposto de renda
impuesto de la renta individual	imposto de renda individual
impuesto de lujo	imposto de luxo
impuesto de sucesión	imposto sobre herança
impuesto de timbre	imposto de selo
impuesto directo	imposto direto
impuesto especial	avaliação especial
impuesto estimado	imposto estimado
impuesto extraordinario	contribuição especial
impuesto final	imposto final
impuesto local	imposto local
impuesto municipal	imposto municipal
impuesto profesional	imposto profissional
impuesto progresivo	imposto progressivo
impuesto retenido	imposto retido
impuesto sobre bienes inmuebles	imposto sobre bens imóveis
impuesto sobre dividendos	imposto sobre dividendos
impuesto sobre el patrimonio	imposto sobre o capital
impuesto sobre sucesiones	imposto de sucessão
impuesto sucesorio	imposto successoral
impuesto territorial	imposto territorial
impuestos a pagar	impostos a pagar
impuestos directos	impostos diretos
impuestos indirectos	impostos indiretos
impugnable	**impugnável**
impugnación	**impugnação**
impugnado	**impugnado**
impugnar	**opor-se**

impulsión	impulsão
impulso	ímpeto
	impulso
impune	impune
impunidad	impunidade
imputable	imputável
imputación	imputação
imputado	imputado
imputar	imputar
in rem	in rem
inacción	inação
inactividad	inatividade
inactivo	inativo
inadecuado	inadequado
inadmisibilidad	inadmissibilidade
inadmisible	inadmissível
inalienable	inalienável
inalterable	inalterável
inamovible	imóvel
inapelable	irrecorrível
inaplicable	inaplicável
inapropiado	impróprio
inatacable	inaplicável
inauguración	inauguração
inaugural	inaugural
inaugurar	inaugurar
incapacidad	incapacidade
incapacidad de pago	*incapacidade de pagamento*
incapacidad legal	*incompetência civis*
incapacidad mental	*incapacidade mental*
incapacidad para trabajar	*incompetência para trabalhar*

incapacidad permanente	*aposentadoria por invalidez*
incapacidad total	*incapacidade total*
	invalidez total
incapacitación	incapacitação
incapacitado	incapacitado
incapacitar	incapacitar
incapaz	incapaz
incautación	apreensão
incendiario	incendiário
incendio intencionado	incêndio intencionado
incentivo	incentivo
incentivo fiscal	*incentivo fiscal*
incertidumbre	incerteza
incesto	incesto
incestuoso	incestuoso
incidencia	incidência
incidental	incidental
incidente	incidente
incidente de nulidad	*incidente de nulidade*
incierto	incerto
incineración	incineração
incisivo	incisivo
incitación	incitação
incitar	incitar
incivil	incivil
inclinación	inclinação
inclinado	inclinado
incluido	incluído
incluir	abranger
	incluir
inclusa	hospital de criança abandonada

inclusión	inclusão
incoativo	incoativo
incobrable	incobrable
Incógnito	Incógnito
incoherencia	incoerência
incombustible	incombustível
incomparable	incomparável
incomparecencia	contumácia
incompatibilidad	incompatibilidade
incompatibilidad de caracteres	*incompatibilidade de caracteres*
incompatibilidad legal	*incompatibilidade legal*
incompatibilidad moral	*incompatibilidade moral*
incompatible	incompatível
incompetencia	incompetência
incompetencia de jurisdicción	*incompetência de jurisdição*
incompetencia de la actuación	*incompetência de atuação*
incompetencia legal	*incompetência legal*
incompetencia parcial	*incompetência parcial*
incompetencia temporal	*incompetência temporária*
Incompetencia total	*incompetência total*
incompetente	incompetente
incompleto	incompleto
incomunicación	incomunicação
inconcluso	inacabado
incondicional	incondicional
incongruencia	incongruência
incongruente	incongruente
inconsciencia	falta de conciencia
	inconsciencia
inconsecuente	inconseqüente
inconsistencia	inconsistência

inconstitucional	anticonstitucional
	inconstitucional
inconstitucionalidad	inconstitucionalidade
incontestabilidad	incontestabilidade
incontestable	incontestável
incontestado	incontestado
incontinencia	incontinência
incontrolable	incontrolável
incontrovertible	incontrovertível
incorporación	incorporação
incorporación de reservas	*incorporação de reserva*
incorporado	incorporado
incorporar	incorporar
incorpóreo	incorpóreo
incorrecto	incorreto
incorregible	incorrigível
incorruptible	incorruptível
incorrupto	incorrupto
incoterms	incoterms
incrementar los precios	aumentar os preços
incremento salarial	aumento de salário
	aumento salarial
incriminar	incriminar
incruento	sem derramamento de sangue
incuestionable	inquestionável
inculpación	inculpação
inculpar	inculpar
incumbencia	incumbência
incumplimiento	incumprimento
	inexecução
incumplimiento de contrato	*violação de contrato*

incumplimiento de la garantía	*violação da garantia*
incumplimiento de la ley	*violação de lei*
incumplimiento del deber	*violação do dever*
incurrir en	**incorrer**
incurso en	**sujeito a**
indebido	**indevido**
indecencia	**indecência**
indecente	**indecente**
indeciso	**indeciso**
indeclinable	**indeclinável**
indefectible	**indefectível**
indefendible	**indefensível**
indefenso	**indefeso**
indefinido	**indefinido**
indeleble	**indelével**
indemnizable	**indenizável**
indemnización	**indenização**
indemnización por daños	*indenização de danos*
indemnizar	**indenizar**
independencia	**independência**
independiente	**independente**
indeseable	**indesejável**
indeterminación	**indeterminação**
indeterminado	**indeterminado**
indicación	**indicação**
indicado	**indicado**
indicador	**indicador**
indicadores económicos	**indicadores econômicos**
indicar	**indicar**
indicativo	**indicativo**
índice	**índice**

índice de liquidez	*rácio de liquidez*
índice de mortalidad	*taxa de mortalidade*
índice de precios	*índice de preços*
Índice de producción	*índice de produção*
índice de rentabilidad	*índice de rentabilidade*
índice de salarios	*índice dos salários*
índice del coste de vida	*índice do custo de vida*
Índice Dow Jones	*Índice Dow Jones*
indiciaria	**indiciário**
indiferencia	**indiferença**
indiferente	**indiferente**
indigencia	**indigência**
indigente	**indigente**
indignidad	**indignidade**
indirecto	**indireto**
indiscutible	**indisputável**
indisoluble	**indissolúvel**
indisponibilidad	**indisponibilidade**
indistinto	**indistinto**
individual	**individual**
individualidad	**separabilidade**
individualismo	**individualismo**
individualización	**individualização**
indivisibilidad	**indivisibilidade**
indivisible	**indivisível**
índole	**índole**
indolente	**indolente**
indomiciliación	**indomiciliación**
inducción	**indução**
inducido	**induzido**
inducir	**induzir**

inductivo	indutivo
indudable	indubitável
indudablemente	indubitavelmente
indulgencia	indulgência
indulgente	indulgente
industria	indústria
industria del automóvil	*indústria automobilística*
industria local	*indústria local*
industria pesada	*indústria pesada*
industrial	industrial
industrialización	industrialização
industrializado	industrializado
industrializar	industrializar
inédito	inédito
ineficacia	ineficácia
ineficaz	ineficaz
inembargabilidad	inembargabilidad
ineptitud	ineptitude
inepto	inepto
inequívoco	inequívoco
inercia	inércia
inesperado	inesperado
inestabilidad	instabilidade
inestabilidad económica	*instabilidade econômica*
inestabilidad política	*instabilidade política*
inestable	instável
inestimable	inestimável
inevitable	inevitável
inexacto	inexato
inexcusable	indesculpável
inexigible	inexigível

inexistencia	inexistência
inexistente	inexistente
inexorable	inexorável
inexperiencia	inexperiência
inexpugnable	inexpugnável
inextinguible	inextinguível
infame	infame
infancia	infância
infancia abandonada	*infância abandonada*
infanticida	infanticida
infanticidio	infanticídio
infecundidad	infecundidade
infeliz	infeliz
inferior	inferior
infidelidad	infidelidade
infidelidad conyugal	*infidelidade conjugal*
infiel	infiel
infiltrar	infiltrar
inflación	inflação
inflación acumulada	*inflação acumulada*
inflación contenida	*inflação contida*
inflación de costos	*inflação de custos*
inflación desenfrenada	*inflação desenfreada*
inflación estructural	*inflação estrutural*
inflación galopante	*inflação galopante*
inflación moderada	*inflação moderada*
inflación oculta	*inflação oculta*
inflación subestimada	*expurgo inflacionário*
inflacionista	inflacionista
inflamable	inflamável
inflar	inflar

inflexible	**inflexível**
inflexión	**inflexão**
infligir	**infligir**
infligir pérdidas	*Infligir perdas*
influencia	**influência**
influenciando	**influenciando**
información	**dados**
	informação
información confidencial	*informação confidencial*
información disciplinaria	*informação disciplinar*
información favorable	*informação favorável*
informal	**informal**
informalidad	**informalidade**
informante	**informador**
informar	**informar**
informar en derecho	*informar em direito*
informe	**relatório**
informe anual	*relatório anual*
informe confidencial	*relatório confidencial*
informe de auditoría	*relatório de auditoria*
informe de daños	*relatório de danos*
informe de gestión	*relatório da administração*
informe de la junta ejecutiva	*relatório da diretoria*
informe de mercado	*relatório de mercado*
informe difamatorio	*relatório difamatório*
informe financiero	*relatório financeiro*
informe forense	*relatório forense*
informe oficial	*relatório oficial*
informe pericial	*laudo pericial*
informe policial	*relatório policial*
informe provisional	*relatório provisório*

infortunio	infortúnio
infracción	infração
infracción disciplinaria	*infração disciplinar*
infracción grave	*infracção grave*
infractor	infrator
infrecuente	infreqüente
infringir	infringir
infructuosa	infrutífera
ingeniería	engenharia
ingeniero	engenheiro
ingratitud	ingratitude
ingrato	ingrato
ingrediente	ingrediente
ingreso de capital	*influxo de capital*
ingreso diferencial	*proveito diferencial*
ingreso fijo	*renda fixa*
ingreso residual	*renda residual*
ingresos	receita
ingresos brutos	*receita bruta*
ingresos financieros	*receita financeira*
ingresos nacionales	*receita nacional*
ingresos netos	*receita líquida*
ingresos por ventas	*receita de vendas*
ingresos relevantes	*receitas relevantes*
inherente	inerente
inhibición	inibição
inhibir	inibir
inhibitorio	inibitório
inhumano	desumano
iniciación	iniciação
inicial	inicial

inicializar	inicializar
iniciar	iniciar
iniciativa privada	iniciativa privada
iniquidad	iniqüidade
injuria	injúria
injusticia	injustiça
injustificable	injustificável
injustificadamente	injustificadamente
injustificado	injustificado
injusto	injusto
inmediatamente	imediatamente
inmediato	imediato
inmensurable	imensurável
inmigración	imigração
inmigrante	imigrante
inmigrar	inmigrar
inmigratoria	inmigratorio
inminencia	iminência
inminente	iminente
inmobiliaria	imobiliária
inmoral	imoral
inmoralidad	imoralidade
inmovilidad	imobilidade
inmovilización	imobilização
inmovilizaciones	imobilizações
inmovilizado	imobilizado
inmovilizar	imobilizar
inmueble	propriedade
inmunidad	imunidade
inmunizar	imunizar
inmutabilidad	imutabilidade

inmutable	imutável
innato	inato
innecesario	desnecessário
innegable	inegável
innominado	inominado
innovación	inovação
	novação
innumerable	inumerável
inobservancia	inobservância
inocencia	inocência
inocente	inocente
inocuo	inócuo
inofensivo	inofensivo
inoperante	nulo
inoportunamente	inoportunamente
inoportuno	inoportuno
	intempestivo
inquieto	inquieto
inquietud	inquietude
inquilino	locatário
inquisitivo	inquisitivo
insalubre	insalubre
insatisfacción	insatisfação
insatisfecho	insatisfeito
inscribible	inscritível
inscripción	inscrição
inscripción municipal	*inscrição municipal*
inscrito	inscrito
inseguridad	insegurança
inseguro	inseguro
inseminación artificial	fecundação artificial

insensible	insensível
inseparable	inseparável
insepulto	insepulto
inserción	inserção
insertado	inserto
insertar	inserir
insignificante	insignificante
insinuación	insinuação
insinuar	insinuar
insípido	insípido
insistencia	insistência
insistir	insistir
insociable	insociável
insolencia	insolência
insolvencia	insolvência
insolvencia permanente	*insolvência permanente*
insolvencia temporal	*insolvência temporária*
insolvente	insolvente
inspección	inspeção
inspección de calidad	*inspeção de qualidade*
inspección de las mercancías	*inspeção de mercadorias*
inspección visual	*inspeção ocular*
inspeccionar	inspecionar
inspector de policía	inspetor de polícia
inspector de trabajo	*inspetor do trabalho*
inspirar	inspirar
instalación	instalação
instalar	instalar
instancia	instância
instigación	instigação
instigador	instigador

instigar	instigar
institución	**instituição**
institución autónoma	*instituição autônoma*
institución de crédito	*instituição de crédito*
institución de un proceso	*instituição de um processo*
institución filantrópica	*organização de caridade*
institución financiera	*instituição financeira*
institucional	**institucional**
institucionalismo	**institucionalismo**
instituto	**instituto**
instituto de crédito	*instituto de crédito*
instituto forense	*instituto Médico Legal*
instrucción	**instrução**
instructivo	**instrutivo**
instructor	**instrutor**
instruido	**instruído**
instruir	**instruir**
instrumentación	**instrumentação**
instrumental	**instrumental**
instrumento	**instrumento**
instrumento de aprobación	*instrumento de aprovação*
instrumento notarial	*instrumento notarial*
instrumentos de deuda pública	*instrução de dívida pública*
insubordinación	**insubordinação**
insubordinar	**insubordinar**
insuficiencia	**insuficiência**
insuficiente	**insuficiente**
insultante	**insultante**
insultar	**insultar**
insulto	**insulto**
insuperable	**insuperável**

insurgente	insurgente
insurrección	insurreição
intacto	intocado
intangible	intangível
integración	integração
integración de balances	*integração de balanços*
integral	integral
integralmente	integralmente
integrante	integrante
integrar	integrar
integridad	integridade
integridad física	*integridade física*
intelectual	intelectual
inteligencia	inteligência
inteligible	inteligível
intención	intenção
	intento
intencional	doloso
	intencional
intendente	intendente
intensificación	intensificação
intensificar	intensificar
intensivo	intensivo
inter vivos	ínter vivo
interacción	interação
interbancario	interbancário
intercalar	intercalar
intercambiable	intercambiável
intercambio	intercâmbio
	troca
intercambio de disparos	*troca de tiroteio*

interceder	**interceder**
interceptar	**interceptar**
intercomunicación	**intercomunicação**
intercorrelación	**intercorrelação**
interdependencia	**interdependência**
interdicción	**interdição**
	cominação
interdicto	injunção
interdicto prohibitivo	*injunção inibitória*
interés	**interesse**
interés a corto plazo	*interesse a curto prazo*
interés a largo plazo	*interesse a longo prazo*
interés del cupón	*cupom de interesses*
interés fijo	*juros fixos*
interés ilegal	*interesse ilegal*
interés legal	*interesse legal*
interés nacional	*interesse nacional*
interés público	*interesse público*
interés simple	*juro simple*
interesado	**parte interessada**
interesar	**interessar**
intereses	**juros**
intereses acumulados	*juros acumulados*
intereses brutos	*juros brutos*
intereses compensatorios	*juros compensatórios*
intereses compuestos	*juros compostos*
	interesse de demora
intereses de demora	*juros de mora*
intereses de usura	*juros usurários*
intereses deudores	*juros devedores*
intereses diferidos	*juros diferidos*

intereses hipotecarios	*interesse de hipoteca*
intereses vencidos	*juros vencidos*
interferencia	**interferência**
interferir	**interferir**
intergubernamental	**intergovernamental**
interino	**interino**
interlocución	**interlocução**
interlocutor	**interlocutor**
interlocutorio	**interlocutório**
intermediación	**intermediação**
intermediar	**intermediar**
	mediar
intermediario	**intermediário**
intermedio	**intermédio**
interminable	**interminável**
interministerial	**interministerial**
interna	**interna**
internación	**internamento**
internacional	**internacional**
internado	**internado**
internamente	**interiormente**
internar	**internar**
interparlamentaria	**interpalamentaria**
interpelación	**interpelação**
interpelar	**interpelar**
interpolación	**interpolação**
interpolar	**interpolar**
interponer un recurso	**intentar uma acção**
interposición	**interposição**
interpretación	**interpretação**
interpretación amplia	*interpretação extensiva*

interpretación judicial	*interpretação judicial*
interpretación limitada	*interpretação limitada*
interpretación usual	*interpretação usual*
interpretar	**interpretar**
interpretativo	**interpretativo**
intérprete	**intérprete**
interpuesto	**interposto**
interrogar	**interrogar**
interrogativo	**interrogativo**
interrogatorio	**interrogatório**
interrogatorio de los testigos	*inquirição de testemunhas*
interrogatorio policial	*interrogação policial*
interrumpir	**interromper**
interrupción	**interrupção**
intersección	**interseção**
interurbano	**interurbano**
intervalo	**intervalo**
intervención	**intervenção**
intervención gubernamental	*intervenção do governo*
intervención militar	*intervenção militar*
intervencionismo	**intervencionismo**
intervencionista	**intervencionista**
intervenir	**intervir**
interviniente	**interveniente**
intestado	**intestado**
intimación	**intimação**
intimidación	**intimidação**
intimidad	**intimidade**
intimidar	**intimidar**
íntimo	**íntimo**
intolerable	**intolerável**

intransigente	intransigente
intransitable	intransitável
intransmisible	intransmissível
intriga	intriga
intrigante	intrigante
intrigar	intrigar
intrínseco	intrínseco
introducción	introdução
introducir	introduzir
intromisión	intromissão
intrusión	intrusão
intrusismo	intrusismo
intrusismo profesional	*interferência indevida*
intruso	intruso
intuición	intuição
inundación	inundação
inundar	inundar
inusual	incomum
inútil	inútil
inutilidad	inutilidade
invadir	invadir
invalidación	invalidação
invalidar	invalidar
invalidez	invalidez
inválido	inválido
invasión	invasão
invasor	invasor
invención	invenção
invendible	invendável
inventar	inventar
inventariar	inventariar

inventario	**inventário**
inventario inicial	*inventário inicial*
inventor	**inventor**
inversión	**investimento**
inversión a corto plazo	*investimento a curto prazo*
inversión a fondo perdido	*investimento a fundo perdido*
inversión a largo plazo	*investimento a longo prazo*
inversión controlable	*investimento controlável*
inversión de capital	*investimento de capital*
inversión financiera	*investimento financeiro*
inversión neta	*investimento líquido*
inversión pública	*investimento público*
inversión real	*investimento real*
inversión segura	*investimento seguro*
inversiones directas	*investimentos diretos*
inversiones extranjeras	*investimentos estrangeiros*
inverso	**inverso**
inversor	**investidor**
inversor institucional	*investidor institucional*
invertir	**investir**
investido	**investido**
	inquirição
investigación	**investigação** **pesquisa**
investigación de mercado	*pesquisa de mercado*
investigación legal	*inquérito judicial*
investigación y desarrollo	*investigação e desenvolvimento*
investigar	**investigar**
inveterado	**inveterado**
inviolabilidad	**inviolabilidade**
inviolable	**inviolável**

invisible	invisível
invitación	convite
invocar	invocar
involuntario	involuntário
inyección de efectivo	injeção de dinheiro
ipso facto	ipso facto
ipso jure	ipso jure
ir	ir
irrazonable	irrazoável
irrecuperable	irrecuperável
irredimible	irredimível
irreducible	irreduzível
irrefutable	irrefutável
irregular	irregular
irremediable	irremediável
irremisible	irremissível
irreparable	irreparável
irreprochable	impecável
irresistible	irresistível
irresponsabilidad	irresponsabilidade
irresponsable	irresponsável
irreversible	irreversível
irreversiblemente	irreversivelmente
irrevocable	irrevogável
irritante	irritante
irritar	irritar
itinerante	itinerante
itinerario	itinerário

jefe

Español	Portugués
jefe	**chefe**
jefe de compras	*chefe de compras*
jefe de departamento	*chefe de departamento*
Jefe de exportación	*chefe de exportação*
jefe de familia	*chefe da família*
jefe de la contabilidad	*chefe da contabilidade*
jefe de la publicidad	*chefe de publicidade*
jefe de producción	*chefe de produção*
jefe inmediato	*chefe imediato*
jefe subdivisión	*chefe de subdivisão*
jerarquía	**hierarquia**
jerarquía de costos	*hierarquia de custos*
jerárquica	**hierárquico**
joint venture	**joint venture**
jornada reducida	**jornada reduzida**
jornalero	**jornaleiro**
jubilación	**aposentadoria**
judicatura	**judicatura**
judicial	**judicial**
judicialmente	**judicialmente**
juego	**jogo**
juez	**juiz**
juez a quo	*julgue a quo*
juez ad quem	*juez ad quem*
juez competente	*juiz competente*
juez de carrera	*juiz de carreira*
juez de instrucción	*juiz de instrução*

juez de primera instancia	*juiz de primeira instância*
juez de vigilancia penitenciaria	*juiz de vigilância penitenciária*
juez designado	*juiz indicado*
juez eclesiástico	*juiz eclesiástico*
juez especial	*juiz especial*
juez militar	*juiz militar*
juez municipal	*juiz municipal*
juez pedáneo	*juiz subalterno*
jugador	**jogador**
jugar	**jogar**
jugar al alza	*jogar à elevação*
juicio	**juízo**
juicio civil	*julgamento civil*
juicio de embargo	*juízo de embargo*
juicio declarativo	*julgamento declaratório*
juicio ejecutivo	*processo executório*
juicio en rebeldía	*julgamento à revelia*
juicio final	*julgamento final*
juicio justo	*julgamento justo*
juicio legal	*julgamento jurídico*
juicio médico	*julgamento médico*
juicio oral	*processo oral*
juicio penal	*julgamento criminal*
juicios subjetivos	*julgamentos subjetivos*
juicioso	**judiciosa**
junta	**junta**
junta directiva	*conselho diretivo*
junta electoral	*junta eleitoral*
jurado	**júri**
juramento	**juramento**
juramento condicional	*juramento qualificado*

juramento de fidelidad	*juramento de fidelidade*
juramento decisorio	*juramento decisório*
juramento en falso	*juramento em falso*
juramento extrajudicial	*juramento extrajudicial*
juramento promisorio	*juramento promissório*
juramento solemne	*juramento solene*
jurídico	**jurídico**
jurisconsulto	**jurisconsulto**
jurisdicción	**jurisdição**
jurisdicción arbitral	*jurisdição arbitral*
jurisdicción civil	*jurisdição civil*
jurisdicción común	*jurisdição comum*
jurisdicción consular	*jurisdição consular*
jurisdicción definitiva	*jurisdição definitiva*
jurisdicción disciplinaria	*jurisdição disciplinar*
jurisdicción eclesiástica	*jurisdição eclesiástica*
jurisdicción extraordinaria	*jurisdição extraordinária*
jurisdicción interna	*jurisdição interna*
jurisdicción laboral	*jurisdição do trabalho*
jurisdicción limitada	*jurisdição limitada*
jurisdicción militar	*jurisdição militar*
jurisdicción obligatoria	*jurisdição obrigatória*
jurisdicción ordinaria	*jurisdição ordinária*
jurisdicción penal	*jurisdição penal*
jurisdiccional	**jurisdicional**
jurisprudencia	**jurisprudência**
jurisprudencia penal	*jurisprudência penal*
jurista	**jurista**
justamente	**justamente**
justicia	**justiça**
justicia de paz	*juiz de paz*

justicia militar	*justiça militar*
justicia social	*justiça social*
justificación	**justificação**
justificado	**justificado**
justificar	**justificar**
justificativo	**justificativo**
juzgado de instrucción	**tribunal de instrução**
juzgar	**julgar**

know-how

Español	Portugués
know-how	conhecimento técnico

laboriosamente

Español	Portugués
laboriosamente	laboriosamente
laborioso	laborioso
lacayo	lacaio
laconismo	laconismo
lacrar	lacrar
lado	lado
	assaltante
ladrón	ladrão
lanzamiento	lançamento
lanzamiento de producto	*lançamento de produtos*
lapidación	lapidation
lapsus	lapsus
lapsus linguae	*lapsus linguae*
largo	longo
lateral	lateral
laudemio	laudemium
laudo	laudo
laudo arbitral	*laudo arbitral*
leal	leal
lealtad	lealdade
leasing	leasing
leasing financiero	*leasing financeiro*
lectura	leitura
lectura del acta	*leitura da ata*
lecho	leito
lecho conyugal	*leito conjugal*
lecho de muerte	*leito de morte*

leer	ler
legación	legação
legado	legado
legado absoluto	*legado absoluto*
legado alternativo	*legado alternativo*
legado condicional	*legadocondicional*
legado general	*legado geral*
legado modal	*legado modal*
legado oneroso	*legado oneroso*
legal	legal
legalidad	legalidade
legalista	legalista
legalización	legalização
legalizar	legalizar
legalmente	legalmente
legar	legar
legatario	legatário
legible	legível
legislación	legislação
legislación aduanera	*legislação aduaneira*
legislación financiera	*legislação financeira*
legislación fiscal	*legislação fiscal*
legislación social	*legislação social*
legislador	legislador
legislar	legislar
legislar por decreto	*legislar por decreto*
legislativo	legislativo
legislatura	legislatura
legítima defensa	legítima defesa
legítima propiedad	*proprietário legítimo*
legitimación	legitimação

legitimación activa	*legitimação ativa*
legitimación objetiva	*legitimação objetiva*
legitimar	**legitimar**
legitimidad	**legitimidade**
legítimo	**legitimo**
legítimo propietario	*legítimo proprietário*
lego	**lego**
lengua	**língua**
lento	**lento**
leonino	**leonino**
lesión	**lesão**
lesionado	**prejudicado**
lesionar los derechos	**prejudicar os direitos**
lesiones corporales	**lesões corporais**
lesiones personales graves	*danos pessoais fatais*
letal	**letal**
letra a la vista	**letra à vista**
letra a plazo	*letra a prazo*
letra de cambio	**letra de câmbio**
levantamiento de embargo	**levantamento de embargo**
levantar	**levantar**
levantar el embargo	*levantar o embargo*
ley	**lei**
ley de amnistía	*lei de anistia*
ley de enjuiciamiento civil	*lei de processo civil*
ley de enjuiciamiento criminal	*lei de processo criminal*
ley de excepción	*lei de exceção*
ley de procedimiento	*direito processual*
ley de sociedades anónimas	*direito societário*
ley del talión	*lei de talião*
ley hipotecaria	*lei hipotecária*

ley irrelevante	*lei irrelevante*
ley marcial	*lei marcial*
ley municipal	*lei municipal*
ley natural	*lei natural*
ley opcional	*lei opcional*
ley orgánica	*lei orgânica*
ley sustantiva	*lei substantiva*
leyes	**leis**
leyes bancarias	*leis bancárias*
leyes fundamentales	*leis fundamentais*
leyes inconstitucionales	*leis inconstitucionais*
liberación	**liberação**
	libertação
liberación bajo fianza	*libertação sob fiança*
liberación de crédito	*liberação de crédito*
liberación de hipoteca	*liberação de hipoteca*
liberación individual	*liberação individual*
liberal	**liberal**
liberalidad	**liberalidade**
liberalismo	**liberalismo**
liberalización	**liberalização**
liberalizar	**liberalizar**
libertad	**liberdade**
libertad condicional	*liberdade restrita*
libertad de conciencia	*liberdade de consciência*
libertad de enseñanza	*liberação de educação*
libertad de movimiento	*liberdade de circulação*
libertad de opinión	*liberação de opinião*
libertad de prensa	*liberdade de imprensa*
libertad de religión	*liberdade de religião*
libertad de residencia	*liberdade de residência*

libertad de reunión	*liberdade de reunião*
libertad sin fianza	*libertação sem fiança*
libertinaje	**libertinagem**
libre	**livre**
libre albedrio	*livre vontade*
libre circulación de capitales	*livre circulação de capitais*
libre comercio	*comércio livre*
libre competencia	*livre concorrência*
libre de gastos	*livre de despesas*
libre de impuestos	*sem taxas*
libremente	**livremente**
libreta de ahorros	**caderneta bancária**
libro	**livro**
libro de almacén	*livro de armazém*
libro de caja	*livro de caixa*
libro de compras	*livro de compras*
libro de contabilidad	*livro contábil*
libro de familia	*livro de família*
libro de registro	*livro de registro*
libro de ventas	*livro de vendas*
libro diario	*livro-diário*
	diário
libro mayor	*livro razão*
libros auxiliares	*livros auxiliares*
licencia	**licença**
licencia absoluta	*licença absoluta*
licencia de armas	*licença de arma*
licencia de caza	*licença de caça*
licencia de construcción	*licença de construção*
licencia de exportación	*licença de exportação*
licencia de matrimonio	*licença de matrimônio*

licencia de tránsito	*licença de trânsito*
licencia matrimonial	*licença matrimonial*
licenciatura	**licenciatura**
licencioso	**licencioso**
licitación pública	**concorrência pública**
licitador	**licitante**
licitar	**licitar**
lícito	**lícito**
líder	**líder**
líder de grupo	*líder do grupo*
líder empresarial	*líder empresarial*
liderazgo	**liderança**
liderazgo de costes	*liderança de custos*
limitación	**limitação**
limitación de responsabilidad	*limitação de responsabilidade*
limitado	**limitado**
limitar	**limitar**
limitativo	**limitativo**
límite	**limite**
límite de crédito	*limite de crédito*
límite de divisas	*limite de divisas*
límite de mercado	*limite de mercado*
límite de responsabilidad	*limite de responsabilidade*
límite legal	*limite legal*
limite tributario	*limite tributário*
limosna	**esmola**
limpio	**limpo**
linaje	**linhagem**
linchar	**linchar**
linde	**linde**
línea	**linha**

línea aérea	*companhia aérea*
línea de crédito	*linha de crédito*
línea materna	*linha maternal*
lingote	**lingote**
lingotes de oro	*barras de ouro*
liquidación	**liquidação**
liquidación anticipada	*liquidação antecipada*
liquidación de daños	*liquidação de danos*
liquidación de facturas	*liquidação de faturas*
liquidación de la deuda	*liquidação da dívida*
liquidación de la herencia	*liquidação da herança*
liquidación de la quiebra	*liquidação da falência*
liquidación de los contratos	*liquidação de contratos*
liquidación financiera	*liquidação financeira*
liquidado	**liquidado**
liquidador	**administrador judicial**
liquidar	**liquidar**
liquidar una cuenta	*liquidar uma conta*
liquidez	**liquidez**
lista	**lista**
lista de acreedores	*lista de credores*
	relação de credores
lista de comprobación	*lista de verificação*
lista de cotizaciones	*lista de cotações*
lista de productos	*lista de produtos*
lista electoral	*lista eleitoral*
lista oficial de contribuyentes	*lista oficial de contribuintes*
listo	**pronto**
literal	**literal**
literalmente	**literalmente**
litigante	**litigante**

litigar	litigar
litigio	litígio
litigio civil	*contencioso civil*
litigioso	litigioso
litoral	litoral
local	local
localidad	localidade
localización	localização
localizar	localizar
loco	louco
locura	loucura
lógica	lógica
logística	logística
logo	logotipo
lograr	alcançar
logro	consecução
logro de los objetivos	*consecução de objetivos*
lote	lote
lúcido	lúcido
lucrativo	lucrativo
lucro	lucro
lucha	luta
luchar	lutar
lugar	lugar
lugar de destino	*lugar de destino*
lugar de entrega	*lugar de entrega*
lugar de pago	*lugar de pagamento*
lugar de residencia	*lugar de residência*
lugar de trabajo	*local de trabalho*
lujo	luxo

llamada

Español	Portugués
llamada	**chamada**
llamada de capital	*chamada de capital*
llegada	**chegada**
llegar	**chegar**
llenar	**preencher**
llenar un formulario	*preencher um formulário*
llevar a cabo	**cumprir**
llevar a cabo un trabajo	*levar a cabo um trabalho*
llevar a cabo una función	*levar a cabo uma função*
llevar a cabo una operación	*levar a cabo uma operação*

macroeconómica

Español	Portugués
macroeconómica	**macroeconomia**
madrastra	**madrasta**
madre	**mãe**
madre auténtica	*mãe autêntica*
madre biológica	*mãe natural*
madre de familia	*mãe de família*
madre soltera	*mãe solteira*
madurar	**madurar**
madurez	**maturidade**
maduro	**maduro**
magistrado	**magistrado**
magistratura	**magistratura**
magnitud	**magnitude**
mala calidad	**má qualidade**
mala conducta	*comportamento impróprio*
mala interpretación	*interpretação errônea*
maleficio	**efeito doente**
malentendido	**mal-entendido**
malestar	**mal-estar**
malevolencia	**malevolência**
malhechor	**infractor**
malicia	**maldade**
	malícia
malicioso	**malicioso**
maligno	**maligno**
malo	**mau**
maltratar	**maltratar**

	apropriação indébita
malversación	**malversação**
	prevaricação
malversación de fondos	*uso indevido de fundos*
mandamiento de ejecución	**mandado de execução**
mandamiento de pago	*ordem de pagamento*
mandamiento de rectificación	*mandado de retificação*
mandante	**mandante**
mandato	**mandato**
mandato judicial	*mandato judicial*
manejo	**manejo**
manera	**maneira**
maníaco	**maníaco**
maniatar	**maniatar**
manifestación	**manifestação**
manifestar	**manifestar**
manifiesto	**manifesto**
manipulación	**manipulação**
manipulación de precios	*manipulação dos preços*
manipulador	**manipulador**
manipular	**manipular**
mano	**mão**
mano de obra	*força de trabalho*
mano de obra calificada	*mão de obra qualificada*
mano de obra directa	*mão de obra direta*
mano de obra indirecta	*mão de obra indireta*
mano de obra no calificada	*mão de obra não qualificada*
mantener	**manter**
mantener una posición	*tomar uma posição*
mantenimiento	**manutenção**
mantenimiento de los hijos	*manutenção de crianças*

mantenimiento preventivo	*manutenção preventiva*
manual	**manual**
manual del empleado	*manual do empregado*
mañana	**manhã**
mapa	**mapa**
máquina	**máquina**
máquina de escribir	*máquina de escrever*
maquinación	**maquinação**
maquinaria	**maquinaria**
mar	**mar**
marca	**marca**
marca de calidad	*marca de qualidade*
marca de fábrica	*marca de fábrica*
marca propia	*marca própria*
marca registrada	*marca registrada*
marcado	**marcado**
marcar	**marcar**
marcha	**marcha**
margen	**margem**
margen bruto	*margem bruta*
margen de cobertura	*margem de contribuição*
margen de garantía	*margem de garantia*
margen de maniobra	*margem de manobra*
margen de producción	*margem de produção*
margen de seguridad	*margem de segurança*
márgenes	**margens**
márgenes de fluctuación	*margens de flutuação*
marginal	**marginal**
marido	**marido**
marina	**marinha**
marinero	**marinheiro**

marital	matrimonial
marítimo	marítimo
marketing	marketing
marketing político	*marketing político*
marketing social	*marketing social*
marxismo	marxismo
marxista	marxista
masa	massa
masa de la herencia	*massa da herança*
matar	matar
matemáticas	matemáticas
matemático	matemático
materia	matéria
materia administrativa	*matéria administrativa*
materia civil	*matéria civil*
materia comercial	*matéria comercial*
material	material
materiales	materiais
materialismo	materialismo
materialista	materialista
	commodities
materias primas	matérias-primas
maternal	maternal
maternidad	maternidade
matón	valentão
matriarcado	matriarcado
matricidio	matricídio
matricularse	matriculate
matrimonial	matrimonial
matrimonio	matrimônio
matrimonio canónico	*matrimônio canônico*

matrimonio civil	*matrimônio civil*
matrimonio consumado	*matrimônio consumado*
matrimonio de conveniencia	*matrimônio de conveniência*
matrimonio inválido	*matrimônio inválido*
matrimonio legal	*casamento legítimo*
matrimonio morganático	*matrimônio morganático*
matrimonio no consumado	*matrimonio não consumado*
matrimonio nulo	*matrimônio nulo*
matrimonio por poder	*casamento por procuração*
matrimonio religioso	*casamento religioso*
matriz	**matriz**
matrona	**matrona**
máxima capacidad	**capacidade máxima**
máximo	**máximo**
máximo grado	*limite máximo*
mayor	**maior**
mayoría	**maioria**
mayoría de edad	*maioria de idade*
media progresiva	**média progressiva**
mediación	**mediação**
mediador	**mediador**
mediano	**médio**
medicina	**medicina**
medicina del trabajo	*medicina no trabalho*
medicina forense	*medicina legal*
medición	**medição**
mediciones	**medições**
medida	**medida**
medida cautelar	*medida cautelar*
medida de actividad	*medida de atividade*
medida de salvaguardia	*ordem de proteção*

medida judicial	*medida judicial*
medidas antidumping	*medidas de antidumping*
medidas compensatorias	*medidas compensatórias*
medidas de calidad	*medidas de qualidade*
medidas de costo	*medidas de custo*
medidas de tiempo de ciclo	*medidas de tempo de ciclo*
medidas disciplinarias	*medidas disciplinares*
medidas legales	*medidas legais*
medidas preventivas	*medidas preventivas*
medio	**meio**
medio ambiente	*ambiente*
medio publicitario	*meio publicitário*
medios de comunicación	*meios de comunicação*
medios de comunicación	**mídia**
medios de pago	*meios de pagamento*
medios de producción	*meios de produção*
medios de transporte	*meios de transporte*
medios oficiales	*meios oficiais*
megalomanía	**megalomania**
mejor	**melhor**
mejor fortuna	*melhor sorte*
mejora	**melhoramento**
mejora continua	*melhoria contínua*
mejorar	**aperfeiçoar**
	melhorar
mejoría	**melhoria**
memorando	**memorando**
memorial	**memorial**
mencionar	**fazer referência a**
mendicidad	**mendicidade**
mendigo	**mendigo**

menores	menor de idade
mens rea	mens rea
mensaje	mensagem
mensajero	mensageiro
mensajes institucionales	mensagens institucionais
mensual	mensal
mensualidad	mensalidade
mental	mental
mentalidad	mentalidade
mentalmente	mentalmente
mercaderías	mercadorias
mercado	mercado
mercado a plazo	mercado a termo
mercado abastecedor	mercado abastecedor
mercado activo	mercado ativo
mercado al contado	operações à vista
mercado alcista	mercado em alta
mercado alentador	mercado encorajador
mercado consumidor	mercado consumidor
mercado de bonos	mercado de obrigação
mercado de cambios	mercado de câmbio
mercado de capitales	mercado de capitais
mercado de futuros	mercado de futuros
mercado de materias primas	mercado de matérias primas
mercado de títulos	mercado de títulos
mercado de trabajo	mercado de trabalho
mercado en auge	mercado em expansão
mercado especulativo	mercado especulativo
mercado flojo	mercado frouxo
mercado fuerte	mercado forte
mercado hipotecario	mercado hipotecário

mercado inactivo	*mercado inativo*
mercado industrial	*mercado industrial*
mercado inestable	*mercado instável*
mercado internacional	*mercado internacional*
mercado libre	*mercado livre*
mercado monetario	*mercado monetário*
mercado mundial	*comércio mundial*
mercado negro	*mercado negro*
mercado oficial	*mercado oficial*
mercado paralelo	*mercado paralelo*
mercado perfecto	*mercado perfeito*
mercado potencial	*mercado potencial*
mercado relevante	*mercado relevante*
mercado secundario	*mercado secundário*
mercado vendedor	*mercado vendedor*
mercados internacionales	*mercados internacionais*
mercancía	**mercadoria**
mercancías en tránsito	*mercadorias em trânsito*
mercancías frágiles	*mercadorias frágeis*
mercantil	**mercantil**
mercantilismo	**mercantilismo**
mercantilista	**mercantilista**
merchandising	**merchandising**
mérito	**mérito**
meritorio	**meritório**
mes	**mês**
metal	**metal**
metálico	**metálico**
metalurgia	**metalurgia**
metalúrgico	**metalúrgico**
metas	**metas**

metas a largo plazo	*objetivos a longo prazo*
meteorológico	**meteorológico**
método	**método**
método de análisis contable	*método de análise contabilístico*
método de anualidad	*método de anuidade*
método de financiación	*método de financiamento*
método de publicidad	*método publicitário*
método directo	*método direto*
método directo de depreciación	*método direto de depreciação*
mezcla	**mistura**
mezcla de ventas	*mix de vendas*
mezclar	**misturar**
microeconomía	**microeconomias**
microempresa	**micro empresa**
miedo	**medo**
miembro	**membro**
miembro honorario	*sócio honorário*
migración	**migração**
milicia	**milícia**
militante	**militante**
militar	**militar**
militarizar	**militarizar**
mínimo	**mínimo**
ministerial	**ministerial**
ministerio	**ministério**
Ministerio de Agricultura	*Ministério de agricultura*
Ministerio de Hacienda	*Ministério da Fazenda*
Ministerio de Industria	*Ministério de indústria*
Ministerio de Obras Públicas	*Ministério de trabalhos públicos*
Ministerio de Trabajo	*Ministério de trabalho*
Ministerio de Transporte	*Ministério de transporte*

Ministerio del Ejército	*Ministério do Exército*
ministerio fiscal	*ministério fiscal*
ministerio publico	*ministério público*
ministro	**ministro**
Ministro de asuntos exteriores	*Ministro de relações exterior*
Ministro De Finanzas	*Ministro da Fazenda*
Ministro de Hacienda	*Ministro de finanças*
Ministro de Justicia	*Ministro de Justice*
Ministro del Interior	*Ministério do interior*
Ministros de Estado	*Ministros de Estado*
minoría	**minoria**
minoría de edad	*minoria de idade*
miseria	**miséria**
misericordia	**misericórdia**
misión	**missão**
misión comercial	*missão comercial*
misión diplomática	*missão diplomática*
misiva	**missiva**
misma base	**mesma base**
mitad	**metade**
mitigación	**mitigação**
mitigar	**mitigar**
mixto	**misturado**
moción	**moção**
moción parlamentaria	*movimento parlamentário*
moda	**moda**
modal	**modal**
modalidad	**modalidade**
modelo	**modelo**
modelo de decisión	*modelo de decisão*
modelo de utilidad	*modelo de utilidade*

modelo econômico	*modelo econômico*
moderación	**moderação**
moderado	**moderado**
moderador	**moderador**
moderar	**moderar**
modernización	**modernização**
modestia	**modéstia**
modificable	**modificável**
modificación	**alteração**
	modificação
modificador	**modificador**
modificar	**modificar**
modo	**modo**
modulación	**modulação**
módulo	**módulo**
molestar	**perturbar**
momentáneo	**momentâneo**
momento	**momento**
monarca	**monarca**
monarquía	**monarquia**
monarquía constitucional	*monarquia constitucional*
moneda	**moeda**
moneda convertible	*moeda conversível*
moneda de oro	*moeda de ouro*
moneda de plata	*moeda de prata*
moneda depreciada	*moeda depreciada*
moneda devaluada	*moeda desvalorizada*
moneda estable	*moeda estável*
moneda extranjera	*moeda estrangeira*
moneda falsa	*moeda falsificada*
moneda nacional	*moeda nacional*

monetario	monetário
monetarista	monetarista
monetización	monetização
monitor	monitor
monogamia	monogamia
monopolio	monopólio
monopolio comercial	*monopólio comercial*
monopolio gubernamental	*monopólio do governo*
monopolista	monopolista
monopolización	monopolização
monopolizado	monopolizado
monopolizar	monopolizar
monótono	monótono
montaje	montagem
mora	mora
moral	moral
moral pública	*moral pública*
moralidad	moralidade
moratoria	moratória
moratoria general	*moratória unilateral*
moratorio	moratório
morganático	morganático
morgue	morgue
morir	morrer
morir sin descensos	*morrer sem descidas*
mortal	mortal
mortalidad	mortalidade
mortis causa	mortis causa
mortuorio	mortuária
mostrar	mostrar
motín	amotinação

	motim
motivación	motivação
motivo	motivo
motivo de anulación	fundamento de anulação
motivo explícito	motivo explícito
mover	mover
moverse hacia abajo	descer
móvil	móvel
móvil del crimen	móvel da felonia
movilidad	mobilidade
movilidad del personal	mobilidade de pessoal
movilización	mobilização
movilización militar	mobilização militar
movilizar	mobilizar
movimiento	movimento
movimientos de capital	movimentos de capital
mucho	muito
muebles	mobiliário
muerte	morte
muerte accidental	morte acidental
muerte aparente	morte aparente
muerte civil	morte civil
muerte natural	morte natural
muerte súbita	morte súbita
muerte trágica	morte trágica
muerte violenta	morte violenta
muerto	morto
muestra	amostra
muestra gratis	amostra grátis
muestreo	amostragem
mujer	mulher

mujer divorciada	*mulher divorciada*
mujer separada	*mulher separada*
mujer soltera	*mulher solteira*
multa	multa
multianual	plurianual
multilateral	multilateral
multinacional	multinacional
múltiple	múltiplo
multiplicación	multiplicação
multiplicado	multiplicado
multiplicador	multiplicador
multiplicando	multiplicando
multiplicar	multiplicar
multitud	multidão
mundano	mundano
mundo	mundo
municipal	municipal
municipalidad	municipalidade
mutación	mutação
mutilación	mutilação
mutilar	mutilar
mutualidad	mutualidade
mutualismo	mutualismo
mutuamente	mutuamente
mutuo	mútuo
mutuo acuerdo	*mútuo acordo*

nacer

Español	Portugués
nacer	nascer
nacimiento	nascimento
nación	nação
nacional	nacional
nacionalidad	nacionalidade
nacionalismo	nacionalismo
nacionalista	nacionalista
nacionalización	nacionalização
nacionalizado	nacionalizado
nacionalizar	nacionalizar
narcótico	narcótico
natal	natal
natalidad	natalidade
nativo	nativo
natural	natural
naturaleza	espécie
	natureza
naturaleza jurídica	*natureza jurídica*
naturalizar	naturalizar
naufragio	naufrágio
naval	naval
navegable	navegável
navegación	navegação
navegar	navegar
necesario	necessário
necesidad	necessidade
negación	negação

negación de ayuda	*negação de assistência*
negada	**recusada**
negado	**negado**
negar	**negar**
negar el crédito	*negar crédito*
negar la evidencia	*negar a evidência*
negarse a aceptar	**recusar a recepção de**
negativo	**negativo**
negligencia	**negligência**
negligencia culpable	*negligência culpável*
negligencia grave	*negligência grave*
negligencia manifiesta	*negligencia manifiesta*
negligencia previa	*negligência prévia*
negligente	**negligente**
negociable	**negociável**
negociación	**negociação**
negociación colectiva	*negociação coletiva*
negociado	**negociado**
negociador	**negociador**
negociar	**negociar**
negocio familiar	**empresa familiar**
negocio	**negócio**
negocios	**negócios**
negocios ilícitos	*negócios ilícitos*
negro	**negro**
neófito	**neófito**
neoliberalismo	**neoliberalismo**
nepotismo	**nepotismo**
neto	**líquido**
neutral	**neutro**
neutralidad	**neutralidade**

neutralizar	neutralizar
nicho de mercado	nicho de mercado
nieto	neto
ninguno	nenhum
niño	criança
niño expósito	*crianças abandonadas*
nivel	nível
nivel de apelación	*grau de recurso*
nivel de calidad	*nível de qualidade*
nivel de consumo	*nível de consumo*
nivel de empleo	*nível de emprego*
nivel de precios	*nível de preço*
nivel de vida	*nível de vida*
nivel salarial	*nível salarial*
nivelar	nivelar
niveles posibles	padrões atingíveis
no aplicable	não aplicável
no negociable	inegociável
no oficial	não oficial
nobleza	nobreza
nocivo	nocivo
nocturno	noturno
noche	noite
nómada	nômade
nombramiento	nomeação
nombre	nome
nombre comercial	*nome comercial*
nombre cristiano	*nome cristão*
nombre falso	*nome falso*
nomenclatura	nomenclatura
nómina	folha de pagamento

nominal	**nominal**
nominativo	**nominativo**
norma	**norma**
norma jurídica	*norma jurídica*
norma medio ambiental	*norma ambiental*
norma moral	*norma moral*
norma obligatoria	*norma obrigatória*
normal	**normal**
normalidad	**normalidade**
normalización	**normalização**
normalizar	**normalizar**
	normas
normas	**padrões**
normas básicas de costos	*padrões de custos básicos*
normas de conducta	*normas de conduta*
normas de personal	*normas de pessoal*
normas de procedimiento	*normas de procedimento*
nota	**nota**
nota de débito	*nota de débito*
	boletim de expedição
nota de envío	*nota de entrega*
nota marginal	*nota marginal*
nota verbal	*nota verbal*
notación	**notação**
notaría	**cartório**
notarial	**notarial**
notario	**notário público**
notas	**registros**
noticias	**notícias**
noticias falsas	*notícias falsas*
notificación	**notificação**

notificación de abandono	*notificação de abandono*
notificación de reclamación	*notificação de reivindicação*
notificación en la dirección	*notificação no endereço*
notificación extrajudicial	*notificação extrajudicial*
notificación judicial	*notificação judicial*
notificar	**notificar**
notificar un protesto	*notificar um protesto*
notoriedad	**notoriedade**
notorio	**notório**
novedad	**novidade**
núcleo	**núcleo**
nuera	**nora**
nuevo	**novo**
nuevos fondos	*novos fundos*
nulidad	**nulidade**
nulidad relativa	*nulidade relativa*
nulidad procesal	*nulidade processual*
nulo	**nulo**
numerar	**numerar**
numérica	**numérica**
número	**número**
número de póliza	*número de política*
numeroso	**numeroso**
nutritivo	**nutritivo**

obedecer

Español	*Portugués*
obedecer	**obedecer**
obediencia	**obediência**
obispo	**bispo**
objeción	**objeção**
objetividad	**objetividade**
objetivo	**objetivo**
objetivos	**objetivos**
objetivos a corto plazo	*objetivos a curto prazo*
objetivos de la empresa	*objetivos corporativos*
objetivos de la organización	*metas da organização*
objetivos históricos	*objetivos históricos*
objeto	**objeto**
objetor	**objector**
objetor de conciencia	*objector de consciência*
	debênture
obligación	**obrigação**
obligación a corto plazo	*obrigação a curto prazo*
obligación amortizable	*obrigação amortizável*
obligación civil	*obrigação civil*
obligación comercial	*obrigação comercial*
obligación común	*obrigação em comum*
obligación contingente	*passivo contingente*
obligación contractual	*obrigação contratual*
obligación de	*obrigatoriedade*
obligación financiera	*obrigação financeira*
obligación garantizada	*obrigação garantida*
obligación incondicional	*obrigação incondicional*

obligación Industrial	obrigação industrial
obligación legal	obrigação legal
obligación matrimonial	obrigação matrimonial
obligación moral	obrigação moral
obligación nominativa	obrigação nominativa
obligación nula	obrigação nula
obligación nutricional	obrigação nutricional
obligación penal	obrigação penal
obligación principal	obrigação principal
obligación válida	obrigação válida
obligaciones al portador	debênture ao portador
obligaciones convertibles	debênture conversível
obligaciones del vendedor	obrigações do vendedor
obligaciones diferidas	obrigações diferidas
obligaciones invalidadas	obrigações invalidadas
obligaciones pagadas	obrigações remuneradas
obligaciones tributarias	obrigações fiscais
obligacionista	**debenturista**
	obrigacionista
obligar	**obrigar**
obligatorio	**obrigatório**
obliteración	**obliteração**
obscenidad	**obscenidade**
obsceno	**obsceno**
observación	**observação**
observaciones	**observações**
observancia	**observância**
observar	**observar**
obsesión	**obsessão**
obsolescencia	**obsolescência**
obsoleto	**obsoleto**

obstáculo	obstáculo
obstinación	obstinação
obstinado	obstinado
obstrucción	obstrução
obstruir	obstruir
obtención	obtenção
obviar	obviar
obvio	óbvio
ocasión	ocasião
ocasional	ocasional
occidental	ocidental
ocioso	ocioso
ocular	ocular
ocultación	ocultação
ocultación de beneficios	*encobrimento de benefícios*
ocultación de documentos	*ocultação de documentos*
ocultar	ocultar
oculto	oculto
ocupación	ocupação
ocupación de activos	*ocupação de ativos*
ocupación temporal	*ocupação temporária*
ocupado	ocupado
ocupante	ocupante
ocupar	ocupar
odio	ódio
odioso	odioso
ofender	ofender
ofendido	ofendido
ofensa	ofensa
ofensa al tribunal	*ofensa ao tribunal*
ofensas a la moral	*ofensas à moral*

ofensiva	**ofensiva**
ofensor	**ofensor**
oferta	**oferta**
	proposta
oferta de exportación	*oferta de exportação*
oferta de novedades	*oferta de novidades*
oferta de servicios	*oferta de serviços*
oferta de trabajo	*oferta de emprego*
oferta de venta	*oferta de venda*
oferta favorable	*oferta favorável*
oferta firme	*oferta firme*
oferta por escrito	*oferta por escrito*
oferta pública	*oferta pública*
oferta total	*oferta total*
oferta y demanda	*oferta e demanda*
ofertar	**ofertar**
oficial	**oficial**
oficial de aduanas	*fiscal aduaneiro*
	fiscal de alfândega
oficial de justicia	*oficial de justiça*
oficiar	**oficiar**
oficina	**escritório**
oficina bancaria	*agência bancária*
oficina central	*escritório central*
oficina de aduana	*estância aduaneira*
oficina de cambio	*escritório de câmbio*
oficina postal	*agência postal*
oficio	**oficio**
oficiosamente	**oficiosamente**
oficioso	**oficioso**
ofrecer	**oferecer**

oligarquía	oligarquia
oligopolio	oligopólio
olvidar	esquecer
olvido	esquecimento
omisión	omissão
oneroso	oneroso
opción	opção
opción de compra	*opção para comprar*
opcional	opcional
operación	operação
operación bajista	*especulação na baixa*
operación bancaria	*operação bancária*
operación bloqueada	*negócio bloqueado*
operación de bolsa	*operação de bolsa*
operación de cambio	*operação de câmbio*
operación de descuento	*operação de desconto*
operación garantizada	*transação garantida*
operación visible	*operação visível*
operacional	operacional
operaciones futuras	futuros
operador	operador
	telefonista
operar	operar
opinión	opinião
oponente	oponente
oportunamente	oportunamente
oportunidad	oportunidade
oportunidades de trabajo	*oportunidades de emprego*
oportunista	oportunista
oportuno	oportuno
oposición	oposição

opresión	opressão
oprimir	oprimir
optativo	optativo
optimismo	otimismo
óptimo	ótimo
opuesto	oposto
opulencia	opulência
opulento	opulento
oral	oral
orden	ordem
orden de arresto	mandado de prisão
orden de comparecencia	ordem de aparência
orden de deportación	ordem de expulsão
orden de detención	ordem de detenção
orden de ejecución	ordem de execução
orden de embargo	mandado de penhora
orden de exportación	ordem de exportação
orden de importación	ordem de importação
orden de incautación	ordem de apreensão
orden de mercado	ordem de valores
orden de pago	ordem de pagamento
orden de registro	ordem de captura
orden de restricción	ordem de restrição
orden ejecutiva	ordem executiva
orden escrita	ordem escrita
orden especial	ordem especial
orden final	injunção final
orden ilegal	ordem ilegal
orden judicial	ordem judicial
orden ministerial	ordem ministerial
orden publico	ordem pública

orden social	*ordem social*
ordenación	**ordenação**
ordenamiento	**ordenamento**
ordenamiento jurídico	*ordenamento jurídico*
ordenar	**ordenar**
ordinario	**ordinária**
orfanato	**orfanato**
orfandad	**orfandade**
orgánico	**orgânico**
organigrama	**organograma**
organismo	**organismo**
organización	**organização**
organización armada	*organização armada*
organización de ventas	*organização de venda*
organización de mercado	*organização de mercado*
organizaciones terroristas	*organizações terroristas*
organizado	**organizado**
organizar	**organizar**
órgano de dirección	**órgão de administração**
órgano judicial	*entidadejudicial*
órganos	**órgãos**
órganos de justicia	*órgãos da justiça*
órganos legislativos	*órgãos legislativos*
orientación	**orientação**
origen	**origem**
original	**original**
originalmente	**originalmente**
oro	**ouro**
ortodoxia	**ortodoxia**
ortodoxo	**ortodoxo**
oscilación	**oscilação**

oscilar	**oscilar**
oscilatorio	**oscilatório**
ostentación	**ostentação**
otorgar	**conceder**
otorgar líneas de crédito	*estender linhas de crédito*
otorgar una apelación	*conceder um apelo*
otorgar una concesión	*conceder uma concessão*

paciencia

Español

Portugués

paciencia	**paciência**
pacificación	**pacificação**
pacificar	**pacificar**
pacífico	**pacífico**
pacto	**pacto**
padrastro	**padrasto**
padre	**pai**
padre adoptivo	*pai adotivo*
padre de familia	*pai de família*
padre putativo	*pai putativo*
padrino	**padrinho**
pagadero	**pagável**
pagadero a la orden	*pagável à ordem*
pagadero al portador	*pagável ao beneficiário*
pagador	**pagador**
pagador dilatorio	*ordenante dilatório*
pagador principal	*pagador principal*
pagador puntual	*pagador pontual*
pagar	**pagar**
pagar con cheque	*pagar com um cheque*
pagar de más	*pagar de mais*
pagar en cuenta	*pagar um avanço*
pagar en efectivo	*pagar com dinheiro*
pagar un cheque	*pagar um cheque*
pagar una deuda	*pagar uma dívida*
pagar una factura	*pagar uma fatura*
pagaré	**cambiário**

página	**página**
pago	**pagamento**
pago adicional	*pagamento adicional*
pago de deudas	*pagamento de dívidas*
pago de salarios	*pagamento de salários*
pago diferido	*pagamento diferido*
pago en efectivo	*pagamento à vista*
pago en especie	*pagamento em espécie*
pago fraccionado	*pagamento fraccionado*
pago inicial	*pagamento inicial*
pago íntegro	*pagamento integral*
pago parcial	*pagamento parcial*
pagos internacionales	*compensações internacionais*
país	**país**
país acreedor	*país de credor*
país de destino	*país de destino*
país de origen	*país de origem*
país exportador	*país exportador*
país importador	*país importador*
país industrial	*país industrial*
país productor	*país produtor*
palabra	**palavra**
palabra de honor	*palavra de honra*
palacio real	**palácio real**
paliar	**paliar**
paliza	**surra**
pancarta	**pancarta**
pandilla	**gangue**
panel	**painel**
pánico	**pânico**
panorama	**panorama**

papel	**papel**
papel a largo plazo	*papel a longo prazo*
papel comercial	*papel comercial*
papel de primeras firmas	*papel de primeira linha*
papel directo	*papel direto*
papel financiero	*papel financeiro*
papel indirecto	*papel indireto*
papel moneda	*papel-moeda*
paquete de acciones	**bloco de ações**
parada	**parada**
paradero	**paradeiro**
paraíso fiscal	**paraíso fiscal**
paralización	**paralisação**
paralización	**paralização**
paralización comercial	*paralização comercial*
paralizar	**paralisar**
parámetro	**parâmetro**
parar	**parar**
parcelación	**parcelamiento**
parcial	**parcial**
parentesco	**parentesco**
parentesco legal	*parentesco legal*
paridad	**paridade**
paridad de la moneda	*paridade monetária*
paridad fija	*paridade fixa*
paridad oro	*paridade ouro*
paridad salarial	*equiparação salarial*
parientes colaterales	**parente colateral**
parlamentario	**parlamentário**
parlamento	**parlamento**
paros laborales	**paralisações do trabalho**

párrafo	**parágrafo**
parricidio	**parricídio**
parroquia	**paróquia**
parte	**parte**
parte adversa	*parte contrária*
parte civil	*parte civil*
parte perdedora	*parte perdedora*
parte perjudicada	*parte prejudicada*
partición	**partição**
partición amistosa	*partição amigável*
partición de la herencia	*partição de herança*
participación	**participação**
participación conjunta	*co-participação*
participación en el capital	*participação patrimonial*
participación en la sociedad	*participação na sociedade*
participación en los beneficios	*participação em benefícios*
participación extranjera	*participação estrangeira*
participación indivisa	*participação indivisível*
participación mayoritaria	*participação majoritária*
participante	**participante**
participar	**participar**
participar en los beneficios	*participar dos benefícios*
partida	**partida**
partida monetaria	*item monetário*
partidario	**partidário**
partido	**partido**
partido comunista	*partido comunista*
partido conservador	*partido conservador*
partido político	*partido político*
partido socialista	*partido socialista*
parto	**parto**

pasaje	passagem
pasajero	passageiro
pasante	assistente de advogado
pasaporte	passaporte
pasaporte consular	*passaporte consular*
pasaporte diplomático	*passaporte diplomático*
pasar	passar
pasional	pasional
pasividad	passividade
pasivo	passivo
pasivo circulante	*passivo circulante*
pasivo de corto plazo	*passivo de curto prazo*
pasivo exigible	*passivo exigível*
pasivo financiero	*passivo financeiro*
pasivo real	*passivo real*
pasivos acumulados	*passivos acumulados*
patentado	patenteado
patentar	patentear
patentar una invención	*patentear uma invenção*
patente	patente
patente de invención	*patente de invenção*
paternalismo	paternalismo
paternidad	paternidade
paterno	paterno
patria	pátria
patrimonial	patrimonial
patrimonio	patrimônio
patrimonio familiar	*patrimônio familiar*
patrocinar	patrocinar
patrocinio	patrocínio
patrón oro	padrão-ouro

patronímico	patronímico
pausa	pausa
paz	paz
peatonal	pedestre
pecado	pecado
pecar	pecar
peculiaridad	peculiaridade
peculio	pecúlio
pecuniario	pecuniário
pederasta	pederasta
pedido	pedido
pedido adicional	*ordem adicional*
pedido inicial	*ordem inicial*
pedir	pedir
pedir ofertas	*solicitar ofertas*
pedir prestado	*pedir prestado*
peligro	perigo
peligro de muerte	*perigo mortal*
peligroso	perigoso
pena	pena
pena de muerte	*condena a morte*
penal	penal
penalidad	penalidade
penalista	advogado criminalista
penalizable	punível
penalización acumulativa	pena cumulativa
pendencia	desavença
penetración	penetração
penetrar	penetrar
penitenciaria	penitenciária
pensamiento	mente

pensativo	**pensativo**
pensión	**pensão**
pensión alimenticia	*pensão de alimentos*
pensión civil	*pensão civil*
pensión de guerra	*pensão de guerra*
pensión de invalidez	*pensão de invalidez*
pensión de orfandad	*pensão de orfandade*
pensión de vejez	*pensão de velhice*
pensionista	**pensionista**
penuria	**penúria**
percepción	**percepção**
perceptor	**perceptor**
percibir	**perceber**
perder	**perder**
perder clientes	*perder os clientes*
perder un poder	*perder um poder*
pérdida	**perda**
pérdida apreciable	*perda apreciável*
pérdida bruta	*perda bruta*
pérdida de capital	*perda de capital*
pérdida de confianza	*perda de confiança*
pérdida de empleo	*perda do emprego*
pérdida de libertad	*perda de liberdade*
pérdida de peso	*perda em peso*
pérdida de salarios	*perda de salários*
pérdida directa	*perda direta*
pérdida financiera	*perda financeira*
pérdida monetaria	*perda de poder de compra*
pérdida neta	*perda líquida*
pérdida parcial	*perda parcial*
pérdida real	*perda real*

pérdida total	*perda total*
pérdida total real	*perda total real*
pérdidas	**perdas**
pérdidas anormales	*perdas anormais*
pérdidas normales	*perdas normais*
perdido	**perdido**
perdón	**perdão**
perdonar	**perdoar**
perecedero	**perecível**
perecer	**perecer**
perentorio	**peremptório**
pereza	**preguiça**
perezoso	**preguiçoso**
perfección	**perfeição**
perfectamente	**perfeitamente**
perfecto	**perfeito**
perfil del consumidor	**perfil do consumidor**
pericia	**perícia**
periodicidad	**periodicidade**
	diário
periódico	
	diário de notícias
período	**período**
período de ausencia	*período de ausência*
período de caducidad	*período de validade*
período de crédito	*período de crédito*
período de crisis	*período de crise*
período de detención	*período de detenção*
período de garantía	*período de garantia*
	prazo de carência
periodo de gracia	*termo de graça*
período de incapacidad	*período de inabilidade*

período de interés	*período de juros*
período de suscripción	*termo de subscrição*
período de validez	*período de validade*
período inicial	*período inicial*
peritaje judicial	*perícia judicial*
perito	**perito**
perjudicar	**prejudicar**
perjudicial	**prejudicial**
perjurio	**falso testemunho**
	perjúrio
perjuro	**perjuro**
permanecer	**permanecer**
permanencia	**permanência**
permanente	**permanente**
permisible	**permissível**
permisivo	**permissivo**
permiso	**permissão**
permiso de importación	*licença de importação*
permiso de maternidad	*licença de maternidade*
permiso de residencia	*autorização de residência*
permitido	**permitido**
permitir	**habilitar**
	permitir
pernicioso	**pernicioso**
perpetrar	**perpetrar**
perpetuar	**perpetuar**
perpetuidad	**perpetuidade**
perpetuo	**perpétuo**
persecución	**perseguição**
persecutorio	**persecutorio**
perseverancia	**perseverança**

persistir	**persistir**
persona	**pessoa**
persona a prueba	*empregado eventual*
persona individual	*pessoa individual*
personal	**pessoal**
personal auxiliar	*pessoal auxiliar*
personal de administración	*pessoal administrativo*
personal de mantenimiento	*pessoal de manutenção*
personal de oficina	*pessoal de escritório*
personal de ventas	*pessoal de vendas*
personal eventual	*pessoal temporário*
personal técnico	*equipe técnico*
personalidad	**personalidade**
personalista	**personalista**
personificar	**personificar**
perspectiva	**perspectiva**
perspectiva del cliente	*perspectiva do cliente*
perspectivas	**perspectivas**
perspectivas de crecimiento	*perspectivas de crescimento*
perspectivas financieras	*perspectiva financeira*
persuasión	**persuasão**
persuasivo	**persuasivo**
pertenecer	**pertencer**
perteneciente	**pertencente**
pertenencias	**pertences**
pertinaz	**pertinacious**
perturbación	**perturbação**
perturbado	**perturbado**
perturbar	**perturbar**
perversidad	**perversidade**
perversión	**perversão**

pervertido	pervertido
pervertir	perverter
pesado	pesado
peso	peso
peso bruto	*peso bruto*
peso medio	*média ponderada*
peso muerto	*peso morto*
peso real	*peso real*
peso total	*peso total*
pesquisa	pesquisa
	impetração
petición	pedido
	petição
petición de mano	*petição mão*
petición de quiebra	*pedido de falência*
	impetrante
peticionario	suplicante
petitorio	petição
petrolero	navio-tanque
picapleitos	chicaneiro
pignoración	colateral
pignorante	empenhador
pignoraticio	pignoratício
piquete	piquete
piquete de huelga	*piquete de greve*
pirata	pirata
piratear	piratear
piratería	pirataria
plagiar	plagiar
plagio	plágio
plan	plano

plan comercial	*plano comercial*
plan de compensación	*plano de compensação*
plan de contingencia	*plano de crise*
plan de pensiones	*plano de pensão*
plan de ventas	*plano de venda*
plan salarial	*plano salarial*
planear	**planejar**
	planeamento
planificación	**planejamento**
	planificação
planificación a corto plazo	*planejamento a curto prazo*
planificación a largo plazo	*planeamento de longo prazo*
	planejamento a longo prazo
planificación de ventas	*planejamento de vendas*
planificación económica	*planejamento econômico*
planificación empresarial	*planeamento da empresa*
planificación estratégica	*planeamento estratégico*
planificación familiar	*planejamento familiar*
planificación financiera	*planejamento financeiro*
plantación	**plantação**
plata	**prata**
plataforma	**plataforma**
plazo	**prazo**
	termo
plazo amistoso	*termo amigável*
plazo de aceptación	*período de aceitação*
plazo de entrega	*prazo de entrega*
plazo fijo	*prazo fixo*
plebiscitaria	**plebiscitária**
plebiscito	**plebiscito**
pleitear	**ir a juízo**

	ação judicial
pleito	**pleito**
plena convertibilidad	*convertibilidade plena*
plenipotenciario	**plenipotenciário**
plenitud	**plenitude**
pleno	**pleno**
pleno cumplimiento	*fiel cumprimento de*
pleno empleo	*pleno emprego*
plenos poderes	*plenos poderes*
pluralidad	**pluralidade**
población	**população**
población activa	*população ativa*
población flotante	*população flutuante*
población real	*população real*
pobre	**pobre**
pobreza	**pobreza**
	pequeno
poco	**pouco**
poder	**poder**
poder adquisitivo	*poder aquisitivo*
poder de compra	*poder de compra*
poder de disposición	*poder de disposição*
poder de representación	*mandado de representação*
	poder de representação
poder económico	*poder econômico*
poder ejecutivo	*poder executivo*
poder legislativo	*poder legislativo*
poder público	*poder público*
poderdante	**poderdante**
polémica	**polêmica**
polémico	**polêmico**

policía	**polícia**
policía científica	*polícia científica*
policía de la ciudad	*polícia da cidade*
policía judicial	*polícia judicial*
poligamia	**poligamia**
política	**política**
política a corto plazo	*política a curto prazo*
política a largo plazo	*política a longo prazo*
política colonial	*política colonial*
política de comercio	*política comercial*
política de comercio exterior	*política de comércio exterior*
política de crédito	*política de crédito*
política de empresa	*política da empresa*
política de precios	*política de preços*
política de reaseguro	*política de resseguro*
política de ventas	*política de vendas*
política económica	*política econômica*
política exterior	*política externa*
política familiar	*política familiar*
política financiera	*política financeira*
política fiscal	*política fiscal*
política general	*política global*
política monetaria	*política monetária*
política presupuestaria	*política orçamental*
política salarial	*política salarial*
política social	*política social*
político	**político**
póliza	**apólice**
póliza de seguro de vida	*apólice de seguro de vida*
póliza de seguro marítimo	*apólice de seguro marítimo*
póliza de seguros	*apólice de seguro*

ponderación	ponderação
ponderado	ponderada
poner	pôr
popular	popular
populismo	populismo
populoso	populoso
por accidente	por acidente
por adelantado	antecipadamente
por cuenta de	por conta de
por ejemplo	ad exemplum
porción	porção
pornografía	pornografia
portador	portador
portavoz	porta-voz
poseedor de acciones	possuidor de ações
posesión	posse
posesión de buena fe	*posse de boa-fé*
posesión en precario	*posse em precário*
posesión exclusiva	*posse exclusiva*
posesión ilegal	*posse ilegal*
posesión ilegal de armas	*posse ilegal de armas*
posesión legal	*posse legal*
posesión limitada	*posse qualificado*
posesión material	*posse material*
posesión precaria	*posse precária*
posesorio	possessório
posibilidad	possibilidade
posible	praticável
posición	cargo
	posição
posición activa	*posição longa*

257

posición compensada	*posição compensada*
posición cubierta	*posição coberta*
posición de caja	*posição de caixa*
posición de crédito	*posição de crédito*
posición deudora	*posição de débito*
posicional	**posicional**
posiciones dicotómicas	**posições dicotômicas**
positivo	**positivo**
posponer	**adiar**
posponer el pago	*adiar um pagamento*
pospuesto	**adiado**
posterior	**posterior**
póstumo	**póstumo**
potencial	**potencial**
potencial económico	*potencial econômico*
potencial inversor	*investidor em potencial*
potencial vendedor	*potencial vendedor*
práctica	**prática**
práctica comercial	*prática comercial*
practicar	**praticar**
practicar una autopsia	*praticar uma autópsia*
práctico	**prático**
preámbulo	**preâmbulo**
precariedad	**precariedade**
precario	**precário**
precaución	**caução**
	precaução
precedencia	**precedência**
precedente	**precedente**
precedentes	**precedentes**
precepto	**preceito**

precio	**preço**
precio abusivo	preço abusivo
precio aceptado	preço aceitado
precio actual	preço atual
precio al consumidor	preço ao consumidor
precio alto	alto preço
precio aproximado	preço aproximado
precio básico	preço básico
precio bruto	preço bruto
precio competitivo	preço competitivo
precio contable	preço contábil
precio de compra	preço de compra
precio de coste	preço de custo
precio de dumping	preço de dumping
precio de entrega	preço de entrega
precio de exportación	preço de exportação
precio de fábrica	preço de fábrica
precio de factura	preço de fatura
precio de importación	preço de importação
precio de mercado	preço de mercado
precio de mercado libre	preço de mercado livre
precio de monopolio	preço de monopólio
precio de referencia	preço de referência
precio de reventa	preço de revenda
precio de transferencia	preço de transferência
precio de venta	preço de venda
precio del contrato	preço do contrato
precio elevado	preço elevado
precio en efectivo	preço à vista
precio especial	preço especial
precio estándar	preço padrão

precio excepcional	preço excepcional
precio excesivo	preço excessivo
precio exorbitante	preço exorbitante
precio favorable	preço favorável
precio fijo	preço fixo
precio final	preço final
precio garantizado	preço garantido
precio habitual	preço habitual
precio individual	preço individual
precio internacional	preço internacional
precio marcado	preço marcado
precio más bajo	preço mais baixo
precio máximo	preço máximo
precio medio	preço médio
precio medio ponderado	preço médio ponderado
precio mínimo	preço mínimo
precio moderado	preço moderado
precio nominal	preço nominal
precio normal	preço normal
precio razonable	preço razoável
precio reducido	preço reduzido
precio relativo	preço relativo
precio rentable	preço rentável
precio ruinoso	preço ruinoso
precio subsidiado	preço subsidiado
precio total	preço total
precio unitario	preço unitário
precio ventajoso	preço vantajoso
precios de productor	preços de produtor
precipitar	**precipitar**
precisión	**precisão**

preciso	preciso
preconcebido	preconcebido
precontrato	pré-contrato
predecesor	antecessor
predeterminado	predeterminado
predeterminar	predeterminar
predicción	predição
predisponer	predispor
predominante	predominante
predominio	prevalência
prefabricado	pré-fabricar
preferencia	preferência
preferencial	preferencial
prefinanciación	prefinanciamento
pregunta	pergunta
preguntar	pedir
prejuicio racial	prejulgamento racial
prejuzgar	prejulgar
prelación	prelación
prelado	prelado
preliminar	preliminar
preliminarmente	preliminarmente
prematuro	prematuro
premeditación	premeditação
premeditar	premeditar
preparación	preparação
preparado	preparado
preparar	preparar
preparativo	preparativo
preponderancia	preponderância
prepotencia	prepotência

prerrogativa	**prerrogativa**
presagiar	**presságio**
prescribir	**prescrever**
prescripción	**prescrição**
prescripción civil	*prescrição civil*
prescripción de la acción	*prescrição da ação*
prescripción de los delitos	*prescrição dos crimes*
prescripción extintiva	*prescrição extintiva*
prescripción negativa	*prescrição negativa*
prescripción penal	*prescrição penal*
prescriptible	**prescriptible**
prescrito	**prescrito**
preselección	**pré-seleção**
presencia	**presença**
presentación	**ajuizamento** **apresentação**
presentación comercial	*apresentação comercial*
presentación de una demanda	*ajuizamento de causa*
presentación razonable	*apresentação adequada*
presentado	**apresentado**
presentar	**apresentar**
presentar a la aceptación	*apresentar à aceitação*
presentar a la firma	*apresentar à assinatura*
presentar al cobro	*apresentar à coleção*
presentar al descuento	*apresentar ao desconto*
presentar los documentos	*apresentar os documentos*
presentar pruebas	*aduzir evidência*
presentar una carta	*apresentar uma carta*
presentar una demanda	*mover uma ação judicial*
presentar una moción	*apresentar uma moção*
presentar una queja	*apresentar uma denúncia*

presentar una reclamación	*registrar uma reclamação*
presentar una solicitud	*apresentar um pedido*
presente	**presente**
presentimiento	**pressentimento**
preservar	**preservar**
presidencia	**presidência**
presidente	**presidente**
presidiario	**presidiário**
presión	**pressão**
presión máxima	*pressão máxima*
preso	**prisioneiro**
preso condenado	*prisioneiro condenado*
prestación	**prestação**
prestación alimenticia	*prestação alimentícia*
prestado	**prestado**
prestamista	**credor**
	empréstimo
préstamo	**préstamo**
préstamo a corto plazo	*empréstimo de curto prazo*
préstamo a plazo	*empréstimo a prazo*
préstamo bancario	*empréstimo bancário*
préstamo consolidado	*empréstimo consolidado*
préstamo convertible	*empréstimo conversível*
préstamo de guerra	*empréstimo da guerra*
préstamo de valores	*empréstimo de ações*
préstamo en descubierto	*empréstimo a descoberto*
préstamo garantizado	*empréstimo com garantias*
préstamo puente	*empréstimo-ponte*
	emprestar
prestar	**prestar**
prestar juramento	*prestar juramento*

prestatario	**prestatario**
prestigio	**prestígio**
presumible	**presumível**
presumiblemente	**presumivelmente**
presunción	**presunção**
presunción de ausencia	*presunção de ausência*
presunción de inocencia	*presunção de inocência*
presunción de muerte	*presunção de morte*
presunta muerte	**morte presumida**
presunta prueba	*prova presumida*
presunto	**alegado**
	presumido
presupuestada	**orçamentada**
presupuestario	**orçamentário**
presupuesto	**orçamento**
presupuesto actual	*orçamento atual*
presupuesto consolidado	*orçamento consolidado*
presupuesto continuo	*orçamentação contínua*
presupuesto de base cero	*orçamentação base zero*
presupuesto de capital	*orçamentação de capital*
presupuesto de efectivo	*orçamento de caixa*
presupuesto de funcionamiento	*orçamento operativo*
presupuesto de gastos	*orçamento de despesa*
presupuesto de ventas	*pressuposto de vendas*
presupuesto equilibrado	*equilíbrio orçamentário*
presupuesto familiar	*orçamento familiar*
presupuesto financiero	*orçamento financeiro*
presupuesto flexible	*orçamento flexível*
presupuesto nacional	*orçamento nacional*
presupuesto ordinario	*orçamento ordinário*
pretensión	**pretensão**

preterición	preterição
prevalecer	prevalecer
prevaricación	prevaricação
prevaricador	prevaricador
prevaricar	transgredir
prevención	prevenção
prevención de accidentes	*prevenção de acidentes*
prevenir	prevenir
preventivo	preventivo
prever	prever
previamente	anteriormente previamente
previo	prévio
previsión	previsão
previsión a corto plazo	*previsão a curto prazo*
previsión a largo plazo	*previsão a longo prazo*
previsión a medio plazo	*previsão a prazo médio*
previsiones	previsões
previsiones de costes	*previsões de custo*
prima	bônus
prima de riesgo	*premio de risco*
prima mensual	*prêmio mensal*
prima neta	*prêmio líquido*
primacía	primazia
primario	primário
primera	primeira
primera hipoteca	*primeira hipoteca*
primera instancia	*primeira instância*
primera orden	*primeira ordem*
primero	primeiro
primeros auxilios	*primeiros socorros*

primitivo	**primitivo**
primogénito	**primogênito**
primogenitura	**primogenitura**
primordial	**primordial**
principal	**principal**
principal accionista	*acionista principal*
principal e intereses	*principal e juros*
principal proveedor	*provedor principal*
principalmente	**principalmente**
principio	**princípio**
principio de subordinación	*princípio de subordinação*
principio jurídico	*princípio jurídico*
principios de contabilidad	*princípios contábeis*
prioridad	**prioridade**
prioritaria	**prioritário**
prisa	**pressa**
prisión	**prisão**
prisión celular	*prisão celular*
prisión menor	*prisão preventiva*
privación	**privação**
privado	**privado**
privar	**privar**
privatización	**privatização**
privatizar	**privatizar**
privilegiado	**privilegiado**
privilegio	**privilégio**
probabilidad	**probabilidade**
probabilidades objetivas	*probabilidades objetivas*
probabilidades subjetivas	*probabilidades subjectivas*
probabilismo	**probabilismo**
probable	**provável**

probar	**provar**
probatorio	**probatório**
problema	**problema**
problema económico	*problema econômico*
procedencia	**procedência**
proceder	**proceder**
procedimiento	**procedimento**
procedimiento civil	*processo civil*
procedimiento de conciliación	*processo de conciliação*
procedimiento de contratación	*procedimento de contratação*
procedimiento de exequátur	*procedimento de exequatur*
procedimiento de quiebra	*processo de falência*
procedimiento declarativo	*processo declaratório*
procedimiento disciplinario	*processo disciplinar*
procedimiento ejecutivo	*processo executivo*
procedimiento inquisitivo	*procedimento inquisitivo*
procedimiento judicial	*processo judicial*
procedimiento legal	*procedimento legal*
procedimiento ordinario	*procedimento ordinário*
procedimiento penal	*processo penal*
procedimientos de desalojo	*procedimento de despejo*
procedimientos en rebeldía	*contumácia processual*
procedimientos estándar	*processo comum*
procesado	**processado**
procesal	**processual**
	indiciar
procesar	**processar**
proceso	**processo**
proceso administrativo	*processo administrativo*
proceso de contratación	*processo de contratação*
proceso de gestión	*processo gerencial*

proceso de jurado	*processo do juri*
proceso extraordinario	*processo extraordinário*
proceso judicial	*processo judicial*
proceso legal	*processo legal*
proceso oneroso	*processo oneroso*
proceso penal	*processo penal*
proceso tributario	*processo fiscal*
procesos especiales	*processos especiais*
proclamación	**proclamação**
procreación	**procriação**
prodigalidad	**prodigalidade**
producción	**produção**
producción anual	*produção anual*
producción de electricidad	*geração de energia*
producción diaria	*produção diária*
producción en cadena	*produção em cadeia*
producción en serie	*produção em série*
producción equivalente	*produção equivalente*
producción industrial	*produção industrial*
producción por hora	*rendimento por hora*
producido	**produzido**
productividad	**produtividade**
productividad parcial	*produtividade parcial*
productivo	**produtivo**
producto	**produto**
producto de calidad	*produto de qualidade*
producto de exportación	*produto de exportação*
producto falsificado	*produto falsificado*
producto industrial	*produto industrial*
producto interior bruto	*produto interno bruto*
producto intermedio	*produto intermédio*

producto nacional	*produto nacional*
producto nacional neto	*produto nacional líquido*
producto similar	*produto similar*
productor	**produtor**
productos	**produtos**
productos abortivos	*produtos abortivos*
productos alimenticios	*produtos alimentícios*
productos de calidad	*produtos de qualidade*
productos de primera necesidad	*mercadorias essenciais*
productos finales	*produtos finais*
productos perecederos	*bens perecíveis*
productos semi-acabados	*produtos semi-acabados*
profanación	**profanação**
profanar	**profanar**
profano	**profano**
profesión	**profissão**
profesión fe	*profissão de fé*
profesional	**profissional**
profesor	**professor**
profundo	**profundo**
progenie	**progênie**
progenitor	**progenitor**
programa	**programa**
programa de producción	*programa de produção*
programa de ventas	*programa de vendas*
programa económico	*programa econômico*
programado	**programado**
programador	**programador**
programar	**programar**
progresión	**progressão**
progresividad	**progressividade**

progresivo	progressivo
progreso	progresso
prohibición	proibição
prohibición permanente	*proibição permanente*
prohibido	proibido
prohibir	proibir
prohibitivo	proibitivo
proindiviso	direito indiviso
prolegómenos	prolegómenos
proletariado	proletariado
proletario	proletário
prolongación obligatoria	extensão obrigatória
prolongar	prolongar
promedio	média
promedio anual	*média anual*
promesa	promessa
promesa de pago	*promessa de pagamento*
promesa matrimonial	*promessa de matrimônio*
prometer	prometer
promiscuidad	promiscuidade
promoción	promoção
promoción de las exportaciones	*promoção de exportação*
promoción de venta	*promoção de vendas*
promotor	promotor
promover	promover
promulgación	promulgação
promulgado	promulgado
promulgar	promulgar
pronóstico	prognóstico
pronunciamiento	pronunciamiento
pronunciamiento militar	*pronunciamiento militar*

pronunciar	**pronunciar**
pronunciar el veredicto	*pronunciar o veredicto*
propagación	**propagação**
propaganda	**propaganda**
propensión a ahorrar	**propensão a poupar**
propensión a gastar	*propensãopara gastar*
propenso	**propenso**
	propriedade
propiedad	**propriedade em posse**
	propriedade individual
propiedad abandonada	*propriedade abandonada*
propiedad colectiva	*propriedade coletiva*
propiedad común	*propriedade em comum*
propiedad condicional	*propriedade condicional*
propiedad horizontal	*propriedade horizontal*
propiedad industrial	*propriedade industrial*
propiedad inmobiliaria	*propriedade imobiliária*
propiedad intelectual	*propriedade intelectual*
propiedad nacional	*propriedade nacional*
propiedad privada	*propriedade privada*
	dono
propietario	**proprietário**
propietario de la marca	*dono de marca registrada*
propina	**gratificação**
propio	**próprio**
proponente	**proponente**
proponer	**propor**
proporción	**proporção**
proporcional	**proporcional**
proporcionalidad	**proporcionalidade**
proporcionar	**fornecer**

proporcionar	prover
proposición	proposição
propósito	propósito
propuesta	proposta
propuestas	propostas
prorrateo	rateio
pros y contras	prós e contras
proscribir	proscrever
prosperar	prosperar
prosperidad	prosperidade
próspero	próspero
prostitución	prostituição
prostitución clandestina	*prostituição clandestina*
prostituta	prostituta
protección	proteção salvaguarda
protección contra incendios	*proteção contra incêndio*
protección de la marca	*proteção de marca registrada*
protección de menores	*proteção de menores*
proteccionismo	protecionismo
proteccionista	protecionista
protector	protetor
proteger	proteger
protestado	protestado
protestar	protestar
protocolizar	protocolizar
protocolizar un testamento	*protocolizar um testamento*
protocolo	protocolo
prototipo	protótipo
provecho	proveito
proveedor	fornecedor

	provedor
proveedor de bienes	*fornecedor de bens*
proveer	**prover**
providencia	**providência**
providente	**providente**
	avance
provisión	**provisão**
provisión de fondos	*provisão sem fundos*
provisional	**provisório**
provocación	**provocação**
provocador	**provocador**
provocar	**provocar**
provocativo	**provocante**
proxenetismo	**lenocínio**
próximo	**próximo**
proyección	**projeção**
proyectado	**projetado**
proyectar	**projetar**
proyecto	**projeto**
proyecto de acuerdo	*projeto de acordo*
proyecto de construcción	*projeto de construção*
proyecto de ley	*anteprojeto de lei*
prudente	**prudente**
prudentemente	**prudentemente**
	prova
prueba	**teste**
prueba caligráfica	*prova caligráfica*
prueba de caja	*prova de caixa*
prueba de descargo	*evidência para a defesa*
prueba de fuego	*prova de fogo*
prueba de inspección ocular	*prova de inspeção ocular*

prueba del adversario	*prova de adversário*
prueba documental	*prova documental*
prueba escrita	*prova escrita*
prueba pericial	*prova pericial*
prueba positiva	*prova positiva*
prueba secundaria	*prova secundária*
prueba testifical	*prova testifical*
	provas
pruebas	
	testes
pruebas contradictorias	*provas contraditórias*
pruebas de cargo	*provas para a acusação*
pruebas de efectividad	*testes de eficácia*
pruebas de eficiencia	*testes de eficiência*
pruebas instrumentales	*testes instrumentais*
pruebas pertinentes	*evidências relevantes*
pruebas sociales	*testes sociais*
psicología industrial	**psicologia industrial**
psicológico	**psicológico**
psicosis	**psicose**
psiquiatra	**psiquiatra**
psíquico	**psíquico**
pubertad	**puberdade**
pubescente	**púbere**
publicación	**publicação**
publicación especializada	*publicação especializada*
publicado	**editado**
publicar	**publicar**
publicidad	**publicidade**
publicidad directa	*publicidade direta*
publicidad en radio	*publicidade na rádio*
publicidad engañosa	*propaganda enganosa*

público	público
puente	ponte
puerto	porto
puerto de destino	*porto de destino*
puerto libre	*porto livre*
puerto mercantil	*porto comercial*
puesta en libertad bajo palabra	libertade condicional
puesta en marcha	início de operações
pulir	polir
pulsación	pulsação
punitivo	punitivo
puntual	pontual
puñado	punhado
pureza	pureza
purgar	purgar
purificar	purificar
puro	puro
puta	prostituta
putativo	putativo

quebrado

Español	Portugués
quebrado	**falido**
quebrar	**quebrar**
	denúncia
queja	**queixa**
	reclamação
	petitório
	queixoso
querellante	**querelante**
	reclamante
	bancarrota
quiebra	**falência**
quiebra bancaria	*falência bancária*
quiebra culpable	*falência culposa*
quiebra fortuita	*bancarrota fortuita*
quiebra fraudulenta	*falência fraudulenta*
quiebra necesaria	*falência necessária*
quiebra voluntaria	*falência espontânea*
quincenal	**quinzenal**
quintuplicado	**quintuplicado**
quórum	**quorum**
quórum legal	*quorum legal*

racial

Español	Portugués
racial	racial
racionalidad limitada	racionalidade limitada
racionalización	racionalização
racionalización industrial	*racionalização industrial*
racionalizar	racionalizar
racionamiento	racionamento
racismo	racismo
racista	racista
radical	radical
radio	rádio
radiodifusión	radiodifusão
rama	ramo
rama de la economía	*ramo de economia*
ramificación	ramificação
rápida	rápida
rápidamente	rapidamente
rapidez	rapidez
rapiña	rapina
rapto	rapto
raro	raros
	homologação
ratificación	ratificação
ratificar	ratificar
ratificar un acuerdo	*ratificar um acordo*
ratio de eficiencia	*rácio de eficiência*
raza	raça
razón	razão

razón de Estado	*razão estatal*
razón especulativa	*motivo especulativo*
razón social	*razão social*
razonable	**razoável**
razonamiento	**raciocínio**
	razão
razonamiento de la apelación	*fundamentação do apelação*
re embalar	**reembalar**
reacción	**reacção**
reaccionar	**reagir**
reaccionario	**reacionário**
readmisión	**readmissão**
readquisición	**recompra**
reajustar	**reajustar**
reajuste	**reajuste**
real	**real**
realidad	**realidade**
realista	**realista**
realizable	**líquido**
realización	**realização**
realizado	**realizado**
realizar	**levar a cabo**
	realizar
realizar la función de	*exercer a função de*
realizar un contrato	*completar um contrato*
realizar un pago	*fazer um pagamento*
realizar un pedido	*fazer uma ordem*
realizar una entrevista	*realizar uma entrevista*
realmente	**realmente**
reanudación	**recomeço**
reanudar	**retomar**

reanudar el pago	*retomar o pagamento*
reaparición	reaparição
reapertura	reabertura
rearmar	rearmar
reasegurado	ressegurado
reaseguradora	resseguradora
reasegurar	ressegurar
reaseguro	resseguro
reavivar	reavivar
rebelde	rebel
rebelión	rebelião
recaída	recaída
	reincidência
recalcitrante	recalcitrante
recanalizar	redirecionar
recapitulación	recapitulação
recargar	recarregar
recaudación de impuestos	cobrança de impostos
recaudar fondos	levantar recursos
recepción	recebimento
	recepção
recepcionista	recepcionista
receptora	receptora
recesión	recessão
recibido	recebido
recibir	receber
recibir un anticipo	*receber um adiantamento*
recibo	recibo
recibo de entrega	*recibo de entrega*
recibo de equipaje	*cheque de bagagem*
recibo postal	*recibo postal*

reciclaje	reciclagem
recién casados	recém casado
reciente	recente
recientemente	recentemente
recipiente	recipiente
reciprocidad	reciprocidade
recíproco	recíproco
reclamación	reclamatória
reclamado	reivindicado
reclusión	reclusão
reclusión mayor	*reclusão maior*
reclusión menor	*reclusão menor*
reclutamiento	recrutamento
reclutar	recrutar
recoger	recolher
recomendación	recomendação
recomendado	recomendado
recompensa	recompensa
recompensado	recompensado
recompra	recompra
reconciliación	reconciliação
reconocer	reconhecer
reconocido	reconhecido
reconocimiento	reconhecimento
reconocimiento de firma	*reconhecimento de assinatura*
reconocimiento de un derecho	*reconhecimento a um direito*
reconsiderar	reconsiderar
reconstrucción	reconstrução
reconvención	reconstrução
reconversión	reconstrução
recortes de inversión	redução em investimentos

recriminación	recriminação
recriminar	recriminar
rectificación	retificação
rectificado	retificado
rectificar	retificar
rectitud	rectitude
rector	reitor
recuperable	recuperável
	cuperação
recuperación	recuperação
	ressalto
recuperación de deudas	*cobrança de dívidas*
recuperación económica	*recuperação econômica*
	reaver
recuperar	recuperar
recurrente	recorrente
recurrir al garante	recorrer ao fiador
recurso	recurso
recurso administrativo	*recurso administrativo*
recurso admisible	*apelação admissível*
recurso de anulación	*recurso de anulação*
recurso de inconstitucionalidad	*recurso de inconstitucionalidade*
recurso de oficio	*recurso de ofício*
recurso extraordinario	*recurso extraordinário*
recurso inadmisible	*recurso inadmissível*
recursos	recursos
recursos comprometidos	*recursos comprometidos*
recursos económicos	*recursos econômicos*
recursos externos	*recursos externos*
recursos flexibles	*recursos flexíveis*
recursos productivos	*recursos produtivos*

recusación	**recusal**
recusación de un magistrado	**desqualificação de um juiz**
rechazar	**recusar**
rechazar el pago	*recusar o pagamento*
rechazar las condiciones	*rejeitar condições*
rechazar los bienes	*rejeitar os bens*
rechazo	**rejeição**
rechazo de un pedido	*recusa de uma ordem*
red comercial	**rede comercial**
redactar un testamento	**editar um testamento**
redención	**redenção**
redescuento	**redesconto**
redhibitorio	**redibitório**
redimible	**resgatável**
redimir	**redimir**
reducción	**redução**
reducción de acciones	*redução de stocks*
reducción de capital	*redução de capital*
reducción de costo	*redução de custos*
reducción de impuestos	*redução de impostos*
reducción de precio	*redução do preço*
reducción del capital social	*redução do capital social*
reducido	**reduzida**
reducir	**reduzir**
reducir el capital social	*reduzir o capital social*
reducir el impuesto sobre	*reduzir o imposto sobre*
reducir el plazo	*reduzir a termo*
reducir la tasa de interés	*reduzir a taxa de juros*
reducir las pérdidas	*diminuir perdas*
reducir los impuestos	*reduzir os impostos*
reducir los precios	*reduzir os preços*

redundancia	redundância
redundante	redundante
reedición	reedição
reelección	reeleição
	reembolsar
reembolsar	
	ressarcir
reembolso	reembolso
reembolso de valores	*redenção de ações*
	expendable
reemplazable	
	substituível
reemplazado	substituído
reenvío	encaminhamento
reexpedición	reexpedição
referencia	referência
referencias bancarias	*referências bancárias*
referencias comerciales	*referências comerciais*
referéndum	referendum
referirse	referir-se
	reconstrução
reforma	
	reforma
reforma administrativa	*reforma administrativa*
reformatorio	reformatório
reformulación	reescalonamento
reforzamiento	reforço
reforzar	reforçar
refugiado	refugiado
refugio	refúgio
refutable	refutável
refutación	refutação
	impugnar
refutar	
	refutar

regalías	**royalties**
regalo	**dom**
regalo publicitario	*dom propaganda*
regencia	**regência**
regeneración	**regeneração**
regentar	**regentar**
regente	**regente**
regicidio	**regicídio**
régimen	**regime**
régimen de separación de bienes	*regime de separação de bens*
régimen económico	*regime econômico*
régimen local	*regime local*
régimen parlamentario	*regime parlamentário*
régimen penitenciario	*regime penitenciário*
región	**região**
regional	**regionais**
registrado	**registrado**
registrador	**registrador**
registrar	**registrar**
registro	**inscrição**
	registro
registro de acciones	*livro de ações*
Registro de la Propiedad	*registro de propriedade*
registro de patentes	*inscrição de patentes*
registro estatal	*inscrição estadual*
registros	**registros**
regla	**regra**
regla básica	*regra básica*
regresar	**voltar**
regresión	**regressão**
regresión múltiple	*regressão múltipla*

regresión simple	*regressão simple*
regresiva	**regressiva**
regresividad	**regressividade**
regulable	**regulável**
	regras
regulación	**regulamento**
	regulatória
regulación de precios	*regulamento de preços*
regulación del mercado	*regulamentação do mercado*
reguladora	**reguladora**
regular	**regular**
regularidad	**regularidade**
regularización	**regularização**
regularización de saldos	*regularização de saldos*
regularizar	**regularizar**
rehabilitación	**reabilitação**
rehabilitar	**reabilitar**
rehacer	**refazer**
rehusar	**rejeitar**
reimportación	**reimportar**
reinar	**reinar**
reincidente	**reincidente**
reintegrable	**reembolsável**
reintegración de posesión	**reintegração de posse**
reinversión	**reinvestimento**
reinvertir	**reinvestir**
reiteración	**reiteração**
reivindicación	**reivindicação**
relación	**relação**
relación de precios	*relação de preços*
relación jurídica	*relação jurídica*

relacionada	**relacionada**
relacionado	**detalhado**
relacionar	**relacionar**
relaciones	**relações**
relaciones comerciales	*relações comerciais*
relaciones con el personal	*relações com o pessoal*
relaciones de trabajo	*relações no trabalho*
relaciones internacionales	*relações internacionais*
relaciones laborales	*relações com os empregados*
relaciones públicas	*relações públicas*
relaciones sexuales	*relações sexuais*
relajación	**relaxamento**
relajar	**relaxar**
relativo	**relativa**
relevancia	**relevância**
relevante	**relevante**
religioso	**religioso**
remediable	**remediável**
remedio	**remédio**
remesa	**remessa**
remesas de emigrantes	*remessas de emigrantes*
remesas de fondos	*remessa de fundos*
remisión	**remissão**
rémora	**rêmora**
remover	**remover**
remuneración	**remuneração**
remunerar	**remunerar**
remunerativa	**remuneratória**
rencor	**rancor**
rencoroso	**rancoroso**
rendición de cuentas	**prestação de contas**

	desempenho
rendimiento	**rendimento**
rendimiento bruto	*rendimento bruto*
rendimiento de base	*rendimento básico*
rendimiento de un ejército	*rendição de um exército*
rendimiento efectivo	*rendimento efetivo*
rendimiento en el trabajo	*desempenho no trabalho*
rendimiento medio	*desempenho médio*
rendimientos	**rendimentos**
rendir	**render**
rendir un informe	**processar um relatório**
renegado	**renegado**
renegociable	**renegociável**
renegociación	**renegociação**
renovable	**renovável**
renovación	**renovação**
renovación del contrato	*renovação do contrato*
renovado	**renovado**
renovar	**renovar**
	aluguel
renta	**renda**
renta básica	*aluguel básico*
renta económica	*renda econômica*
renta mensual	*aluguel mensal*
renta nacional	*renda nacional*
renta neta	*renda líquida*
renta per cápita	*renda per capita*
renta vitalicia	*anuidade de vida*
rentabilidad	**rentabilidade**
rentable	**rentável**
rentista	**rentista**

	demissão
renuncia	desistência
	renúncia
renuncia de derechos	*renúncia de direitos*
renuncia de una reclamación	*remissão de uma reclamação*
renuncia expresa	*renúncia expressa*
renunciar	renunciar
renunciar a sus derechos	*renunciar seus direitos*
renunciar a un derecho	*renunciar a um direito*
reo	réu
reorganización	reorganização
reorganizar	reorganizar
reorientación	reorientação
reparable	reparável
reparación	reparação
reparación judicial	*reparação judicial*
reparar	reparar
repartido	distribuído
reparto	repartição
reparto arbitrario	*repartição arbitrária*
repaso	revisão
repatriación	repatriamento
repatriación de capitales	*repatriamento de capitais*
repatriar	repatriar
repeler	repelir
repercusión	repercussão
repetición	repetição
repetir	repetir
réplica	manifestação à réplica
reportero	repórter
reposicionar	reposicionar

reprender	repreender
reprensible	repreensível
reprensión	repreensão
represalia	represália
representación	representação
representación diplomática	*representação diplomática*
representación exclusiva	*representação exclusiva*
representación política	*representação política*
representado	representado
representante	representante
representante comercial	*representante comercial*
representante consular	*representante consular*
representante legal	*representante legal*
representar	representar
represión	repressão
represivo	repressiva
reprimenda	repreensão
reprimir	reprimir
reprobable	reprovável
reprobación	reprovação
reproche	opróbrio
reproducción	reprodução
reproducir	reproduzir
república	república
repudiar	repudiar
repudio	repúdio
reputación	reputação
reputar	reputar
requerida	requerida
requisición	requisição
res judicata	res judicata

rescate	salvamento
rescindible	rescindable
rescindir	rescindir
rescisión	rescisão
	terminação
rescisión sin causa	*rescisão sem justa causa*
reserva	**reserva**
reserva consolidada	*reserva consolidada*
reserva de efectivo	*reserva de caixa*
reserva de liquidez	*facilidade de liquidez*
reserva de oro	*reserva de ouro*
reserva legal	*reserva legal*
reserva legal estatutaria	*reserva legal estatutária*
reservas	**reservas**
reservas bancarias	*reservas bancárias*
reservas contingentes	*reservas contingentes*
reservas de capital	*reservas de capital*
reservas de crédito dudosos	*reserva de credores duvidosos*
reservas en moneda extranjera	*reservas em moeda estrangeira*
reservas expresas	*reservas expressas*
reservas generales	*reservas gerais*
reservas obligatorias	*reservas obrigatórias*
reservas ocultas	*reservas ocultas*
residencia	**residência**
residencial	**residencial**
residente	**residente**
residir	**residir**
residual	**residual**
residuo	**resíduo**
residuos	**resíduos**
resignación	**resignação**

resistencia	**resistência**
resistencia a la autoridad	*resistência à autoridade*
resistencia al cambio	*resistência a mudança*
resistir	**resistir**
resolución	**resolução**
resolución implícita	*resolução implícita*
resolutoria	**resolutiva**
resolver	**resolver**
respeto	**respeito**
respetuoso	**respeitoso**
respetuoso de las leyes	*obediente à lei*
responder	**responder**
responsabilidad	**responsabilidade**
responsabilidad civil	*responsabilidade civil*
responsabilidad contractual	*responsabilidade contratual*
responsabilidad directa	*responsabilidade direta*
responsabilidad disminuida	*responsabilidade diminuída*
responsabilidad fiscal	*responsabilidade fiscal*
responsabilidad ilimitada	*responsabilidade ilimitada*
responsabilidad legal	*responsabilidade legal*
responsabilidad limitada	*responsabilidade limitada*
responsabilidad objetiva	*responsabilidade objetiva*
responsabilidad patrimonial	*responsabilidade patrimonial*
responsabilidad penal	*responsabilidade penal*
responsabilidad personal	*responsabilidade pessoal*
responsabilidad política	*responsabilidade política*
responsabilidad por daños	*responsabilidade por danos*
responsabilidad secundaria	*responsabilidade subsidiária*
responsabilidad social	*responsabilidade social*
responsabilidad solidaria	*responsabilidade solidária*
responsabilidad subjetiva	*responsabilidade subjetiva*

responsable	**responsável**
responsable autorizado	*responsável autorizado*
respuesta	**resposta**
restante	**restante**
restauración	**restauração**
restitución	**restituição**
restricción	**restrição**
restrictivo	**restritiva**
restringido	**restrito**
restringir	**restringir**
restringir la competencia	*restringir a concorrência*
restringir la libertad de	*restringir a liberdade de*
resultado	**resultado**
resultado contable	*lucro contábil*
resultado financiero neto	*resultado financeiro líquido*
resultado neto por acción	*lucro por ação*
	resultado líquido por ação
resultados	**resultados**
resultados acumulados	*resultados acumulados*
resultados de la gestión	*desempenho gerencial*
resultados financieros	*resultados financeiros*
resumen	**resumem**
	sumário
retaguardia	**retaguarda**
retención	**retenção**
retención de salarios	*retenção de salários*
retenciones contractuales	*retenções contratuais*
retener	**reter**
retenido	**retido**
reticencia	**reticência**
retorno	**volta**

retorno anual	*retorno anual*
retorno del capital inicial	*retorno do capital inicial*
retractación	**retratação**
retraer	**retrair**
retrasado mental	**retardado mental**
retraso	**atraso**
retraso en entrega	*demora na entrega*
retroacción	**retroação**
retroactividad	**retroatividade**
retroactivo	**retroativo**
retrocesión	**retrocessão**
retrógrada	**retrógrada**
retrospectivo	**retrospectiva**
réu acusado	**réu**
reunificación familiar	**reunião de família**
reunión	**reunião**
reunión a puerta cerrada	*reunião privada*
reunión ordinaria	*reunião ordinária*
reunión ordinaria	*sessão ordinária*
revaluación	**reavaliação**
revaluación monetaria	*revalorização monetária*
revaluado	**reavaliado**
revaluar	**revalorizar**
revaluar la moneda	*revalorizar a moeda*
revelación	**evidenciação**
	revelação
revelar	**revelar**
revendedor	**revendedor**
revender	**revender**
reventa	**revenda**
reversible	**reversível**

reversión	**reversão**
reversión de las reservas	*reversão de reservas*
reversión de una sentencia	*reversão de uma sentença*
revisado	**revisado**
revisión	**revisão**
revisión general	*revisão geral*
revisor	**revisor**
revocabilidad	**revogabilidade**
revocable	**revogável**
revocación	**ab-rogação**
	revogação
revocación de un poder	*revogação de um poder*
revocación del poder	*poder de revogação*
revocar	**revogar**
revocar un testamento	*revogar um testamento*
revocar una ley	*abolir uma lei*
revocar una oferta	*revogar uma oferta*
revolución	**revolução**
revuelta	**revolta**
rey	**rei**
rico	**rico**
ridículo	**ridículo**
riesgo	**risco**
riesgo cambiario	*risco cambial*
riesgo catastrófico	*risco catastrófico*
riesgo comercial	*risco comercial*
riesgo crediticio	*risco de crédito*
riesgo económico	*risco econômico*
riesgo financiero	*risco financeiro*
riesgo moral	*risco moral*
riesgo profesional	*risco profissional*

riesgos	riscos
rígida	rígida
rigidez	rigidez
rígido	rígido
rigor	rigor
riña	rixa
riqueza	riqueza
risible	risível
rito	rito
rival	rival
robar	roubar
robo	roubo
rogatoria	rogatória
romper un contrato	romper um contrato
rotación	rotação
rotación de capital	*rotação de capital*
rotación de existencias	*rotação das existências*
rotación de los turnos	*rotação de turnos*
rotativo	rotativo
rotatoria	rotatória
roto	quebrado
rotulado	etiquetagem
royalty	royalty
rudo	rude
rufián	rufião
ruido	ruído
ruina	ruína
ruinosa	ruinosa
rumor	rumor
ruptura	ruptura
rural	rural

rústico	**rústico**
rutina	**rotina**

saber

Español	*Portugués*
saber	**saber**
sabio	**sensato**
sabotaje	**sabotagem**
sabotaje económico	*sabotagem econômica*
sabotear	**sabotar**
sacerdocio	**sacerdócio**
sacerdotal	**sacerdotal**
saciar	**saciar**
saciedad	**saciedade**
sacrificio	**sacrifício**
sacrilegio	**sacrilégio**
sadismo	**sadismo**
sagrado	**sagrado**
sala del tribunal	**sala de tribunal**
salario	**salário**
salario anual	*salário anual*
salario base	*salário base*
salario bruto	*salários brutos*
salario mensual	*salário mensal*
salario mínimo	*salário mínimo*
salario neto	*salário líquido*
salario por hora	*salário por hora*
salario total	*salário total*
salarios	**salários**
salarios nominales	*salários nominais*
salarios profesionales	*salários profissionais*
salarios reales	*salários reais*

saldar una deuda	**liquidar uma dívida**
saldo	**saldo**
saldo acreedor	*saldo credor*
saldo anual	*balanço anual*
saldo bancario	*saldo bancário*
saldo de cuenta	*saldo de conta*
saldo de la cuenta disponible	*saldo de conta disponível*
saldo de títulos	*saldo de títulos*
saldo de una cuenta	*saldo de uma conta*
saldo deudor	*saldo devedor*
saldo disponible	*saldo disponível*
saldo final	*saldo final*
saldo líquido	*saldo líquido*
saldo medio	*saldo compensado*
salida	**saída**
salida de capitales	*saída de capitais*
salida de emergencia	*saída de emergência*
salir	**sair**
saltar	**saltar**
salteador de caminos	**salteador de estrada**
salubridad	**salubridade**
salud	**saúde**
salud pública	*saúde pública*
saludo	**saudação**
saludos	**cumprimentos**
salvación	**salvação**
salvaguardar	**proteger**
salvaguardas	**salvaguardas**
salvaje	**selvagem**
salvamento	**salvamento**
salvoconducto	**salvo-conduto**

sanción	**sanção**
sanción civil	*sanção civil*
sanción disciplinaria	*sanção disciplinar*
sanción judicial	*sanção judicial*
sanción pecuniaria	*sanção pecuniária*
sanción penal	*sanção penal*
sangre	**sangue**
saquear	**saquear**
saqueo	**espoliação**
satisfacción	**satisfação**
satisfacer	**satisfazer**
satisfacer la demanda	***atender à demanda***
satisfactorio	**satisfatório**
satisfecho	**satisfeito**
saturación	**saturação**
saturación del mercado	*saturação do mercado*
saturar	**saturar**
sección	**seção**
sección comercial	*secçãocomercial*
secesión	**secessão**
secretario	**secretário**
secretario general	*secretário geral*
secreto	**secreto**
secreto profesional	*segredo profissional*
sector	**setor**
sector industrial	*setor industrial*
sector privado	*setor privado*
sectores de la economía	*setores econômicos*
secuela	**seqüela**
secuestrar	**seqüestrar**
secuestro	**rapto**

	seqüestro
secular	secular
secularización	secularização
secundario	secundário
sedición	sedição
sedicioso	sedicioso
seducción	sedução
seducir	seduzir
seductor	sedutor
segmentación	segmentação
segmento	segmento
segregación	segregação
segregar	segregar
seguimiento	seguimento
seguir un rastro	seguir uma trilha
según la ley	de pleno jure
según sea el caso	conforme o caso
segundo	segundo
seguridad	segurança
seguridad del Estado	*segurança do estado*
seguridad garantizada	*segurança garantida*
seguridad jurídica	*segurança jurídica*
seguridad nacional	*segurança nacional*
seguridad social	*seguro social*
	confiável
seguro	**seguro**
seguro contra accidentes	*seguro contra acidentes*
seguro contra incendios	*seguro contra fogo*
seguro contra todo riesgo	*seguro contra todos os riscos*
seguro de crédito	*seguro de crédito*
seguro de desempleo	*seguro desemprego*

seguro de equipaje	*seguro de bagagem*
seguro de hospitalización	*seguro de hospitalização*
seguro de huelga	*seguro contra greves*
seguro de invalidez	*seguro de invalidez*
seguro de mercancías	*seguro de bens*
seguro de responsabilidad	*seguro contra terceiros*
seguro de robo	*seguro de roubo*
seguro de salud	*seguro-saúde*
seguro de sustitución	*seguro de substituição*
seguro de vejez	*seguro de velhice*
seguro de viaje	*seguro de viagem*
seguro de vida	*seguro de vida*
seguro general	*seguro geral*
seguro individual	*seguro individual*
seguro industrial	*seguro industrial*
seguro médico	*seguro médico*
seguro mínimo	*seguro mínimo*
seguro obligatorio	*seguro obrigatório*
seguro personal	*seguro pessoal*
seguro total	*seguro total*
seguro voluntario	*seguro voluntário*
seísmo	**seísmo**
selección	**seleção**
selección de personal	*seleção de pessoal*
seleccionar	**selecionar**
selectivo	**seletivo**
sellar	**selar**
sello	**selo**
semana	**semana**
semántica	**semântica**
sembrar	**semear**

semestral	semestral
semi-manufacturados	semi - fabricados
seminario	seminário
senado	senado
senador	senador
senil	senil
sensato	sensato
sensible	sensível
sentarse	sentar-se
sentencia	sentença
sentencia absolutoria	*sentença absolutória*
sentencia de muerte	*sentença de morte*
sentencia declarativa	*sentença declaratória*
sentencia final	*sentença final*
sentencia irrevocable	*julgamento irrevogável*
sentencia judicial	*sentença judicial*
sentido	senso
sentido común	*senso comum*
señal	sinal
separación	separação
separación de bienes	*separação de bens*
separación de funciones	*separação de funções*
separación de los cónyuges	*separação de corpos*
separadamente	separadamente
separar	separar
separatismo	separatismo
sepulcro	sepulcro
sepultura	sepultura
ser	ser
ser claro	*ser claro*
ser cuestionado	*ser questionado*

ser imprudente	ser imprudente
ser juez y parte	ser juiz e parte
seriedad	**seriedade**
servicio	**serviço**
servicio al cliente	serviço do cliente
servicio de consultoría	serviço de consultoria
servicio externo	serviço externo
servicio médico	serviço médico
servicio militar	serviço militar
servicio personalizado	serviço personalizado
servicio prestado	serviço prestado
servicio social	serviço social
servicios a terceros	serviços a terceiros
servicios bancarios	serviços bancários
servicios de limpieza	serviços de limpeza
servicios internacionales	serviços internacionais
servicios legales	serviços jurídicos
servicios nacionales	serviços domésticos
servicios personales	serviços pessoais
servicios públicos	serviços públicos
servicios temporales	serviços temporários
servidumbre	**servidão**
servidumbre de conveniencia	servidão de conveniência
servidumbre de necesidad	servidão por necessidade
servilismo	**servilismo**
servir	**servir**
sesión	**sessão**
sesión extraordinaria	sessão extraordinária
sesión pública	sessão pública
sesión secreta	sessão secreta
seudónimo	**pseudônimo**

severo	severo
sevicia	sevícia
sexo	sexo
sexo masculino	*sexo masculino*
sexual	sexual
siembra	semeadura
signatario	signatário
significación	significação
siguiente	contíguo
silencio	silêncio
simbólico	simbólico
símbolo	símbolo
similar	semelhante
simonía	simonía
simplemente	simplesmente
simples	simples
simplificación	simplificação
simulador	simulador
simular	simular
simultaneidad	simultaneidade
simultáneo	simultâneo
sin	sem
sin alterar	*inalterado*
sin apelación	*sem apelação*
sin aviso previo	*sem aviso prévio*
sin cargas	*sem cargas*
sin comisiones	*sem comissão*
sin compensación	*sem compensação*
sin descuento	*sem desconto*
sin interés	*sem interesse*
sin pérdida	*sem perda*

sinceramente	sinceramente
sinceridad	sinceridade
sincero	sincero
sincronización	sincronização
sincronizar	sincronizar
sindicación	sindicação
sindicado	sindicalizado
sindical	sindical
sindicalismo	sindicalismo
sindicalista	sindicalista
sindicalizado	sindicalizado
sindicato	sindicato
sindicato de clase	*sindicato da classe*
sindicato de trabajadores	*sindicato dos trabalhadores*
síndico	síndico
singularidad	singularidade
sinopsis	sinopse
sintético	sintético
sistema	sistema
sistema bancario	*sistema bancário*
sistema centralizado	*sistema centralizado*
sistema competitivo	*sistema competitivo*
sistema de compensación	*sistema de compensação*
sistema de contabilidad	*sistema de contabilidade*
sistema de control de gestión	*sistema de controle de gestão*
sistema de ventas	*sistema de vendas*
sistema financiero	*sistema financeiro*
sistema internacional	*sistema internacional*
sistema monetario	*sistema monetário*
sistemático	sistemático
sitiar	assediar

sitio	**localização**
situación	**situação**
situación balanza de pagos	*situação balança de pagamentos*
situación comercial	*situação comercial*
situación del caso	*situação do caso*
situación del mercado	*situação de mercado*
situación económica	*situação econômica*
situación financiera	*situação financeira*
situado	**localizado**
soberanía	**soberania**
soberano	**soberano**
sobornar	**subornar**
soborno	**corrupção ativa**
	suborno
soborno de testigos	**suborno de testemunhas**
sobrecarga	**sobrecarga**
sobrecargar el mercado	**sobrecarregar o mercado**
sobreestimar	**superestimar**
sobreseimiento	**desistência**
sobreseimiento de la causa	*demissão do caso*
sobrestimado	**supervalorizado**
sobretasa	**sobretaxa**
sobrevivir	**sobreviver**
sobrino	**sobrinho**
social	**social**
socialismo	**socialismo**
socialismo cristiano	*socialismo cristão*
socialismo democrático	*socialismo democrático*
socialista	**socialista**
socialización	**socialização**
socializar	**socializar**

sociedad	**sociedade**
sociedad afiliada	*sociedade afiliada*
sociedad anónima	*sociedade anônima*
sociedad civil	*sociedade civil*
sociedad cooperativa	*sociedade cooperativa*
sociedad de cartera	*sociedade de carteira*
sociedad decadente	*sociedade decadente*
sociedad en liquidación	*sociedade em liquidação*
sociedad ficticia	*sociedade fictícia*
sociedad inactiva	*sociedade inoperante*
sociedad principal	*sociedade principal*
societario	**societário**
socio	**sócio**
socio capitalista	*sócio comanditário*
socio comanditario	*sócio comanditário*
socio general	*sócio geral*
socio inactivo	*parceiro dormente*
socio individual	*sócio pessoa física*
socio industrial	*sócio industrial*
sociología	**sociologia**
sodomía	**sodomia**
sofisma	**sofisma**
sofisticado	**sofisticado**
sofocar	**sufocar**
soldado	**soldado**
solemne	**solene**
solemnidad	**solenidade**
	requerente
solicitante	**solicitante**
solicitar	**solicitar**
solicitar la filiación	*solicitar filiação*

solicitar un visado	*solicitar um visto*
solicitar una patente	*solicitar uma patente*
solicitud	**solicitação**
solicitud de una oferta	*solicitação de uma oferta*
solidariamente	**solidariamente**
solidariamente responsable	*solidariamente responsável*
solidaridad	**solidariedade**
solidez	**solidez**
sólido	**sólido**
soltero	**solteiro**
solución	**solução**
solución de problemas	*solução de problemas*
solvencia	**merecimento de crédito**
	solvência
sombra	**sombra**
someter a la aprobación	**submeter à aprovação**
sometido	**submetido**
sondeo de opinión	**sondagem de opinião**
sonido	**som**
soportar	**suportar**
soporte	**soporte**
soporte físico	*suporte físico*
soporte técnico	*suporte técnico*
sordo	**surdo**
sordomudo	**surdo-mudo**
sorpresa	**surpresa**
sospecha	**suspeita**
sospechar	**suspeitar**
sospechas infundadas	**suspeitas sem motivo**
sospechoso	**suspeito**
suave	**macio**

suavidad	suavidade
suavizar	suavizar
subarrendamientos	subarrendamentos
subasta	leilão
subasta judicial	*leilão judicial*
subasta pública	*leilão público*
subastador	leiloeiro
subcontrato	subcontrato
subcuenta	subconta
subdivisión	subdivisão
subestimar	subestimar
subir	elevar-se
subir los precios	*elevar os preços*
súbito	súbito
subjetivo	subjetivo
subordinación	subordinação
subordinado	subordinado
subordinar	subordinar
subproducto	subproduto
subrepticio	sub-reptício
subrogación	sub-rogação
subsecretario	subsecretário
subsidiado	subsidiado
subsidiar	subsidiar
subsidiaria	subsidiária
subsidio especial	subsídio especial
subsidio familiar	*pensão familiar*
subsiguiente	subseqüente
subsistencia	subsistência
subsistente	subsistente
subsistir	subsistir

substituto	substituto
suburbio	subúrbio
subvalorado	subvalorado
subvención	subvenção
subvencionado	subvencionado
subvenciones presupuestarias	subvenções orçamentárias
subyacente	subjacente
subyugar	subjugar
sucedáneo	sucedâneo
sucesión	sucessão
sucesión anómala	*sucessão anômala*
sucesión inter vivos	*sucessão ínter vivo*
sucesión intestada	*sucessão intestada*
sucesión mortis causa	*sucessão mortis causa*
sucesión testamentaria	*sucessão testamentária*
sucesivo	sucessivo
sucesor	sucessor
sucesoria	sucessória
sucio	sujo
suerte	sorte
suficiente	suficiente
sufragar	custear
sufragio	sufrágio
sufragio directo	*sufrágio direto*
sufragio universal	*sufrágio universal*
sufrir	sofrer
sufrir un interrogatorio	*sofrer um interrogatório*
sugerencia	sugestão
sugerir	sugerir
suicidarse	suicidar-se
suicidio	suicide

sujeción	sujeição
sujetar	sujeitar
sujeto a	reportando ao
sujeto pasivo	*sujeito passivo*
suma	**montante**
	soma
suma global	*montante fixo*
suma total	*soma total*
sumario	sumário
suministro	fornecimento
suministro de mercaderías	*provisão de mercadorias*
sumisión	submissão
superabundancia	superabundância
superar	superar
superávit	**excedente**
	superávit
superávit comercial	*superávit comercial*
superávit de capital	*excedente de capital*
superávit presupuestario	*superávit orçamentário*
superficial	superficial
superior	superior
supermercado	supermercado
superpoblación	superpopulação
superpoblado	superpovoado
superproducción	superprodução
supervisor	supervisor
supervivencia	sobrevivência
suplantar	suplantar
suplemento	suplemento
suplente	suplente
suplicar	implorar

suplicar el perdón	*implorar o perdão*
suposición	suposição
supremacía	supremacia
supremo	supremo
supresión	supressão
supuesto	suposto
surgir	surgir
susceptible	suscetível
suscribir	inscrever
suscripción	subscrição
suscriptor	subscritor
suscrito	subscrito
suspender	suspender
suspender la ejecución	*suspender a execução*
suspensión	suspensão
suspensión de las actuaciones	*suspensão da instância*
suspensión de pagos	*suspensão de pagamentos*
suspensorio	suspensivo
suspicaz	suspeito
sustancial	substancial
sustentable	sustentável
sustentar	sustentar
sustentar contra	*sustentar contra*
sustento	sustentação
sustitución	substituição
sustracción	subtração
sustraer	subtrair
sutil	sutil

tácito

Español	Portugués
tácito	**tácito**
táctica	**táticas**
talento	**talento**
talonario de cheques	**livro de cheque**
tamaño	**tamanho**
tangible	**tangível**
taquígrafo	**taquígrafo**
tara	**tara**
tarde	**tarde**
tardío	**atrasado**
tarea	**tarefa**
tarifa	**tarifa**
tarifa del servicio	*tarifa de serviço*
tarifa especial	*tarifa especial*
tarifa general	*tarifa geral*
tarifa mínima	*tarifa mínima*
tarifa normal	*tarifa normal*
tarifa plana	*comissão fixa*
tarjeta	**cartão**
tarjeta de crédito	*cartão de crédito*
tarjeta de firma	*cartão de assinatura*
tasa	**taxa**
tasa anual	*taxa anual*
tasa consular	*taxa consular*
tasa de absentismo	*índice de absenteísmo*
tasa de actividad	*taxa de atividade*
tasa de amortización	*taxa de amortização*

tasa de costos indirectos	taxa de custo indireto
tasa de depreciación	taxa de depreciação
tasa de descuento	taxa de desconto
tasa de expansión	taxa de expansão
tasa de frete aéreo	taxa de frete aéreo
tasa de interés	taxa de juro
tasa de interés real	taxa de juro real
tasa de inversión	taxa de investimento
tasa de natalidad	taxa de natalidade
tasa de notificación	taxa de notificação
tasa de nupcialidad	taxa de matrimônio
tasa de participación	taxa de participação
tasa de producción	taxa de saída
tasa de redescuento	taxa de redesconto
tasa efectiva	taxa efetiva
tasa general de inflación	taxa geral de inflação
tasa judicial	taxa judiciária
tasa legal	taxa legal
tasa neta	taxa líquida
tasa oficial	câmbio oficial
tasador	**avaliador**
tasador oficial	avaliador autorizado
tasas de equipaje	taxas de bagagem
tasas judiciales	custas judiciais
técnico	**técnico**
técnico de contabilidad	técnico de contabilidade
tecnocracia	**tecnocracia**
tecnología	**tecnologia**
tecnológico	**tecnológico**
telefónico	**telefônico**
teléfono	**telefone**

telegrama	telegrama
temerario	temerária
temporal	temporária
tendencia	tendência
tendencia a comprar	*tendência para comprar*
tendencia a invertir	*tendência para investir*
tendencia a la baja	*tendência declinante*
tendencia ascendente	*tendência ascendente*
tendencia del mercado	*tendência de mercado*
tendencia económica	*tendência econômica*
tenedor de libros	escriturário
teneduría de libros	escrituração
tener éxito	lograr
tensión	tensão
tentación	tentação
tentativa	tentativa
teoría	teoria
teoría de la contingencia	*teoria da contingência*
teórico	teórico
tercer dueño	terceiro proprietário
tercero	terceiro
tercero de buena fe	*terceiro de boa fé*
tercero en discordia	*terço em discórdia*
terceros	terceiros
térmico	térmico
terminación de riesgo	*terminação de risco*
terminado	concluído
	terminado
terminal	terminal
terminar	terminar
terminología	terminologia

términos de entrega	**condições de entrega**
términos de un préstamo	*condições de um empréstimo*
terrestre	**terrestre**
territorial	**territorial**
territorialidad	**territorialidade**
terrorismo	**terrorismo**
tesis	**tese**
tesorería	**tesouraria**
Tesorería del Estado	*Tesouro do Estado*
tesorero	**tesoureiro**
tesoro	**tesouro**
tesoro público	*erário público*
testador	**testador**
testamentario	**testamentário**
testamento	**testamento**
testamento cerrado	*testamento selado*
testamento especial	*testamento especial*
testamento implícito	*testamento implícito*
testamento nulo	*testamento nulo*
testamento ológrafo	*vontade holográfica*
testifical	**testifical**
testificar	**testemunhar**
testificar en juicio	*depor no julgamento*
testigo	**testemunha**
testigo de cargo	*testemunha de acusação*
testigo directo	*testemunha direto*
testigo ocular	*testemunha ocular*
testimonio	**testemunho**
testimonio de expertos	*testemunho de especialistas*
texto	**texto**
textual	**textual**

tiempo	hora **tempo**
tiempo de ciclo de fabricación	*tempo do ciclo de produção*
tiempo del ciclo	*tempo do ciclo*
tiempo medio de espera	*tempo médio de espera*
típicamente	**tipicamente**
tipificar	**tipificar**
tipo	**tipo**
tipo básico	*tipo básico*
tipo de cambio	*taxa de câmbio*
tipo de cambio fijo	*taxa de câmbio fixo*
tipo de cambio flotante	*flutuação de taxa de câmbio*
tipo de emisión	*taxa de emissão*
tipo de interés fijo	*taxa fixa*
tipo de interés variable	*taxas flutuantes*
tiranía	**tirania**
tirano	**tirano**
titulado	**pessoa titulada**
titular	**titular**
titular de cuenta	*titular da conta*
titular de la tierra	*proprietário de terra*
título	**título**
título académico	*título acadêmico*
título de propiedad	*escritura de propriedade*
título honorífico	*título honorífico*
título negociable	*título negociável*
título universitario	*título universitário*
títulos convertibles	*títulos conversíveis*
títulos de deuda pública	*títulos de dívida pública*
títulos en custodia	*títulos em custódia*
todo	**inteiro**

tolerancia	tolerância
tolerante	tolerante
tolerar	tolerar
tomador	tomador
tomar	tomar
tomar una decisión	*tomar uma decisão*
tomar venganza	*vingar-se*
tonelada	tonelada
tonelaje	tonelagem
tormento	tormento
torticero	tortuoso
tortura	tortura
total	total
total del pasivo	*total do passivo*
totalidad	totalidade
totalitario	totalitário
totalmente	totalmente
tóxico	tóxico
trabajador	trabalhador
trabajador calificado	*trabalhador qualificado*
trabajador competente	*trabalhador competente*
trabajador industrial	*trabalhador industrial*
trabajador por cuenta propia	*trabalhador por conta própria*
trabajar	trabalhar
trabajo	trabalho
trabajo clandestino	*trabalho clandestino*
trabajo en curso	*trabalho em curso*
trabajos forzados	*trabalhos forçados*
tradición	tradição
traducción	tradução
traductor	tradutor

traductor oficial	*tradutor juramentado*
tráfico	**tráfico**
tráfico de drogas	*tráfico de drogas*
tráfico de influencias	*tráfico de influência*
tráfico internacional	*tráfico internacional*
traición	**traição**
traidor	**traidor**
trámite	**trâmite**
trampa	**armadilha**
	batota
tranquilidad	**tranquilidade**
tranquilo	**tranquilo**
transacción	**transação**
transacción bancaria	*transação bancária*
transacción comercial	*transação comercial*
transacción en efectivo	*transação de caixa*
transacción invisible	*transação invisível*
transacciones internacionales	*transações internacionais*
transbordar	**transbordar**
transcribir	**transcrever**
transcripción	**transcrição**
transferencia	**transferência**
transferencia bancaria	*transferência bancária*
transferencia de capital	*transferência de capital*
transferencia de divisas	*transferência de divisas*
transferencia ordinaria	*transferência ordinária*
transferencia por correo	*transferência de correio*
transferencia por teléfono	*transferência por telefone*
transferencia telegráfica	*transferência telegráfica*
transferible	**transferível**
transferir	**transferir**

transformación	**transformação**
transformado	**transformado**
transgénico	**geneticamente modificado**
transgresión	**transgressão**
transgresión voluntaria	*dolo*
transgresor	**transgressor**
transición	**transição**
transigencia	**transigência**
tránsito	**trânsito**
transitorio	**transitório**
transmisible	**transmissível**
transmisión	**transmissão**
transportable	**transportável**
transportador	**transportador**
transporte	**transporte**
transporte aéreo	*transporte aéreo*
transporte fluvial	*transporte fluvial*
transporte marítimo	*transporte marítimo*
transporte por mar	*transporte por mar*
transporte terrestre	*transporte terrestre*
transporte urgente	*transporte expresso*
transportes	**transportes**
transportes internacionales	*transportes internacionais*
transportes por ferrocarril	*transportes ferroviários*
transposición	**transposição**
transversal	**transversal**
tratado	**tratado**
tratado bilateral	*tratado bilateral*
tratado comercial	*tratado comercial*
tratado de extradición	*tratado de extradição*
tratado de paz	*tratado de paz*

tratado multilateral	*tratado multilateral*
tratados internacionales	*tratados internacionais*
tratamiento	**tratamento**
tratar	**tratar**
trato justo	**negociação justa**
tregua	**trégua**
tren	**trem**
tren correo	*trem-correio*
tren de mercancías	*trem de mercadorias*
tren expreso	*trem expresso*
tribunal	**sala de tribunal**
tribunal administrativo	*tribunal administrativo*
tribunal arbitral	*tribunal arbitral*
tribunal civil	*tribunal civil*
tribunal Constitucional	*Tribunal constitucional*
tribunal de apelación	*tribunal de apelação*
tribunal de arbitraje	*tribunal de arbitragem*
tribunal de casación	*tribunal de cassação*
tribunal de comercio	*tribunal de comércio*
tribunal de cuentas	*tribunal de contas*
tribunal de justicia	*tribunal de justiça*
tribunal de menores	*tribunal de menores*
tribunal de primera instancia	*tribunal de primeira instância*
tribunal de segunda instancia	*tribunal de alçada*
tribunal electoral	*tribunal eleitoral*
tribunal especial	*tribunal especial*
tribunal incompetente	*tribunal incompetente*
tribunal internacional de justicia	*tribunal internacional de justiça*
tribunal marítimo	*tribunal marítimo*
tribunal penal	*tribunal penal*
tribunal popular	*tribunal popular*

tribunal supremo	*tribunal supremo*
tribunal supremo de justicia	*tribunal supremo de justiça*
tribunales militares	**tribunais militares**
tribunales ordinarios	*tribunais ordinários*
tributario	**tributário**
tributo	**tributo**
trimestral	**trimestral**
trimestre	**trimestre**
tripartito	**tripartido**
triple	**triplo**
tripulación	**tripulação**
trueque	**comércio de troca**
tumultuoso	**tumultuoso**
túrbido	**turvo**
turbiedad	**turvação**
turismo	**turismo**
turno de día	**turno do dia**
turno de trabajo	*turno de trabalho*
	curadoria
tutela	**tutela**
tutor	**tutor**

ubicación

Español	Portugués
ubicación	locação
	localização
ultimátum	ultimatum
último	último
ultrajes al pudor	afrontas para a modéstia
umbral	limite mínimo
unánime	unânime
unánimemente	unanimemente
unanimidad	unanimidade
única copia	cópia única
unidad	unidade
unidad de cuenta	*unidade de conta*
unido	unido
unificación	unificação
unificado	unificado
unificar	unificar
uniforme	uniforme
uniformidad	uniformidade
unigénito	unigênito
unilateral	unilateral
	enlace
unión	
	união
unión económica	*união econômica*
unión incestuosa	*união incestuosa*
unión monetaria	*união monetária*
unión política	*união política*
unipersonal	unipessoal

unirse	juntar-se
unirse a la acción	*ingressar nos autos*
unitario	**unitário**
universal	**universal**
universalizado	**universalizado**
universidad	**universidade**
unívoco	**unívoco**
urbanismo	**urbanismo**
urbanización	**urbanização**
urbano	**urbano**
urgencia	**urgência**
urgente	**urgente**
urna	**urna**
urnas	*urnas eleitorais*
usado	**usado**
uso	**uso**
uso de armas	*uso de armas*
uso ilegal de título	*uso ilegal de título*
uso indebido	*uso indevido*
usuario	**usuário**
usufructo	**usufruto**
usufructuario	**usufrutuário**
usura	**usura**
usurero	**usurário**
usurpación	**usurpação**
usurpador	**usurpador**
utensilio	**utensílio**
útil	**útil**
útiles escolares	*materiais escolares*
utilidad	**utilidade**
utilidades	**implementos**

utilizable	**utilizável**
utilización	**utilização**
utilización ilegal de uniformes	*uso ilegal de uniforme*
utilizar	**usar**
utopía	**utopia**
utópico	**utópico**

vacaciones

Español	Portugués
vacaciones	**feriados**
vacaciones religiosas	*feriado religioso*
vacilación	**hesitação**
vacilante	**vacilante**
vacilar	**vacilar**
vacío	**vazio**
vagabundo	**vagabundo**
vagancia	**vadiagem**
validación	**validação**
validar	**validar**
validez	**validade**
válido	**válido**
valija diplomática	**malote diplomático**
valioso	**valioso**
valor	**valor**
valor acordado	*valor acordado*
valor actual	*valor atual*
valor actual descontado	*valor atual descontado*
valor amortizado	*valor amortizado*
valor asegurado	*valor assegurado*
valor bruto	*valor bruto*
valor bursátil	*valor em bolsa*
valor capitalizado	*valor capitalizado*
valor catastral	*valor cadastral*
valor contable	*valor contábil*
valor de cambio	*valor de câmbio*
valor de cotización	*valor de cotação*

valor de emisión	valor de emissão
valor de la chatarra	valor da sucata
valor de la factura	valor de fatura
valor de las exportaciones	valor de exportação
valor de liquidación	valor de liquidação
valor de mercado	valor de mercado
valor de uso	valor de uso
valor declarado	valor declarado
valor del dinero	valor de dinheiro
valor del estado	valor do estado
valor depreciado	valor depreciado
valor en aduana	valor aduaneiro
valor en garantía	valor em garantia
valor en libros	valor de balanço
valor esperado	valor esperado
valor estimado	valor estimado
valor ficticio	valor fictício
valor intrínseco	valor intrínseco
valor líquido actual	valor líquido atual
valor neto	valor líquido
valor patrimonial	valor patrimonial
valor personal	valor pessoal
valor real	valor real
valor realizable	valor realizável
valor recibido	valor recebido
valor retenido	valor de retenção
valor total	valor total
valorado	**avaliado**
valorar	**avaliar**
	estoque
valores	**valores**

valores de renta fija	*títulos de renda fixa*
valores deducibles	*valores dedutíveis*
valores extranjeros	*títulos estrangeiros*
valores mobiliarios	*valores mobiliários*
valores realizables	*ações comerciáveis*
valorización	**valorização**
valorizar	**valorizar**
valuación	**valorização**
variable	**variável**
variación	**variação**
variaciones patrimoniales	**mutações patrimoniais**
varianza total de trabajo	**desvio total de trabalho**
vecindad	**vizinhança**
vecino	**vizinho**
vehemente	**veemente**
vehículo	**veículo**
vejez	**velhice**
velocidad	**velocidade**
venal	**venal**
	término
vencimiento	**vencimento**
vencimiento de intereses	*vencimento de interesses*
vencimientos de capital	*vencimento do principal*
venda ambulante	**venda ambulante**
vendedor	**vendedor**
vendedor ambulante	*vendedor de rua*
vendedor exclusivo	*vendedor exclusivo*
vender	**vender**
vender a crédito	*vender a crédito*
vender bien	*vender bem*
vender en subasta	*leiloar*

vender todas las existencias	*vender todas as existências*
veneno	**veneno**
venganza	**vingança**
venta	**venda**
venta a granel	*venda a granel*
venta a precios reducidos	*venda a preços reduzidos*
venta al contado	*venda de caixa*
venta anticipada	*venda antecipada*
venta condicional	*venda com reserva de domínio*
venta corporativa	*alienação societária*
venta de artículos	*venda de produtos*
venta de valores	*venda de valores*
venta diaria	*venda diária*
venta directa	*venda direta*
venta en firme	*venda firme*
venta exclusiva	*venda exclusiva*
venta garantizada	*venda garantida*
venta judicial	*venda judicial*
venta parcial	*venda parcial*
ventajas	**vantagens**
ventas	**vendas**
ventas anuales	*vendas anuais*
ventas comerciales	*vendas comerciais*
ventas de exportación	*vendas de exportação*
ventas de futuros	*venda de futuros*
ventas mensuales	*vendas mensais*
ventas totales	*vendas totais*
ventilación	**ventilação**
ver	**ver**
veracidad	**veracidade**
verbal	**verbal**

verdad	**verdade**
verdaderamente	**verdadeiramente**
veredicto	**julgamento**
veredicto de la mayoría	*veredicto de maioria*
veredicto parcial	*veredicto parcial*
verídico	**veridical**
verificación	**verificação**
verificar	**verificar**
verosimilitud	**verosimilitude**
versión	**versão**
vertical	**vertical**
vestigio	**vestígio**
veterano	**veterano**
veto	**veto**
vía diplomática	**via diplomática**
vía legal	**via legal**
viabilidad	**viabilidade**
viable	**viável**
viajante de comercio	**viajante comercial**
viaje	**viagem**
	viaje
viaje de negocios	*viagem de negócios*
vibración	**vibração**
viciado	**viciado**
viciar	**viciar**
vicio	**vício**
vicio de fondo	*vício de fundo*
vicio de nulidad	*vício de nulidade*
vicio inherente	*vício inerente*
vicio oculto	*defeito oculto*
vicio redhibitorio	*vício redibitório*

víctima	**vítima**
vida	**vida**
vida conyugal	*vida conjugal*
vida en común	*vida em comum*
vida privada	*vida privada*
vida social	*vida social*
vida útil	*vida útil*
vida útil estimada	*vida útil estimada*
viejo	**velho**
vigencia de la póliza	**duração da política**
vigilancia	**vigilância**
vigilancia de la salud	*vigilância sanitária*
vigilancia domiciliaria	*vigilância residencial*
vigilante	**vigilante**
	force
vigor	**vigor**
vigorosamente	**vigorosamente**
vil	**vil**
vilipendiar	**difamar**
vínculo contractual	**vínculo contratual**
violación	**violação**
violación de secretos oficiales	*violação de segredos oficiais*
violación de un tratado	*violação de um tratado*
violación del juramento	*violação de juramento*
violación del secreto profesional	*violação do segredo profissional*
violador	**estuprador**
	romper
violar	**violar**
violar un contrato	*violar um contrato*
violencia	**violência**
violento	**violento**

virginidad	**virgindade**
viril	**viril**
virtual	**virtual**
virtud	**virtude**
visa	**visto**
visa consular	*visto consular*
visado de entrada	*visto de entrada*
visado de salida	*visto de saída*
visado de tránsito	*visto de trânsito*
visar	**visar**
visible	**visível**
visita	**visita**
visitante	**visitante**
visitar	**visitar**
vital	**vital**
vitalicio	**vitalício**
vituperación	**vituperação**
viuda	**viúva**
viudez	**viuvez**
vivir	**morar**
	viver
vivo	**vivo**
vocación	**vocação**
volumen	**volume**
volumen de crédito	*volume de crédito*
volumen de dinero	*volume de dinheiro*
volumen de las exportaciones	*volume de exportações*
volumen de mercado	*volume de mercado*
volumen de mercancías	*volume de bens*
volumen de negocio	*volume de negócios*
volumen de ventas	*volume de vendas*

volumen del comercio	*volume de comércio*
voluntario	**voluntário**
voluntarioso	**intencional**
votación nominal	**voto aberto**
votación por separado	*voto em separado*
votación pública	*votação pública*
votación secreta	*voto secreto*
votación unánime	*votação unânime*
votar	**votar**
voto	**voto**
voto de aprobación	*voto de aprovação*
voto de confianza	*voto de confiança*
voto de gratitud	*voto de agradecimento*
voto de la mayoría	*voto de maioria*
voto decisivo	*voto decisivo*
voto en blanco	*voto em branco*
voto en contra	*voto contrário*
voto favorable	*voto favorável*
voto indirecto	*sufrágio indireto*
voto nulo	*voto nulo*
voto unánime	*voto unânime*
voz	**voz**

yerno

Español	*Portugués*
yerno	**genro**

zona

Español	Portugués
zona	**zona**
	área de livre comércio
zona de libre comercio	*zona de livre comércio*
zona franca	*zona franca*

.

EURODICCIONARIOS

DERECHO Y ECONOMIA

2015